图解服务的细节

091

お客さまがお店のことを話したくなる！ クチコミ販促35のスイッチ

餐饮营销2

让顾客口口相传的35个开关

[日] 真喜屋实行 著

张永亮 译

人民东方出版传媒
People's Oriental Publishing & Media
東方出版社
The Oriental Press

目 录 CONTENTS

第 3 章

与“来店·购买”直接相连的口碑开关

第 4 章

通过“机制”扩大口碑的开关

第 5 章

打开口碑开关的诀窍中的诀窍

第 6 章

对通过口碑招揽顾客来说超级重要的8个记忆

前　言

“哇！真是太大了！”

“呀！太厉害了吧！”

这段对话是我在某家店吃饭时听到邻座的三位女性在店员上菜时说的话。

这是一家烤肉小酒馆，从涩谷站步行去，需要两三分钟，来过一次的顾客都会带其他顾客再来。而且，他们在点了这家店的招牌菜之后，都会像刚才那样对话。

因为这家店有一道菜，顾客只要体验一下，就想带朋友来。这道菜火了之后，这家店的营业额不断增长，生意非常兴隆，很多时候顾客必须预约才行。没错，这家店在口碑方面取得了巨大成功。

其实，这家店并没有手艺非常娴熟的匠人，在质量上也没有压倒性地胜过周围的店。即便如此，它还是靠口碑成为了一家生意非常兴隆的店。

（这家店其实一直在认真选择好食材，精心烹饪，做着提供优质服务的生意。归根结底，这家店明明在质量上没有“压倒性”的优势，生意却是压倒性地兴隆。）

其实，对口碑有误解的人出乎意料地多。

“只要提供好吃的（优质）食物，顾客就会为你宣传口碑。”

“只要有好的商品和服务，顾客就会为你宣传口碑。”

至今还是有很多人对此深信不疑（不，是愿意深信不疑）。

但另一方面，也有许多人已经注意到了：

这只是“妄想”，只是一厢情愿的“愿望”。当然，既有压倒性的优质产品从而产生好口碑的情况，也有因劣质产品从而产生坏口碑的情况。虽然质量可以换来口碑，但那只会发生在质量具有“压倒性”优势的情况下。程度“刚好”的质量，是换不来口碑的。

那么，什么时候会产生口碑呢？

最重要的是在**“质量之外”**的那部分。

如果注意不到这一点，无论等到什么时候都不会产生口碑。

是的，口碑是“等”不来的。

口碑需要“着手”去做。

口碑需要打开“开关”（技巧），才会从顾客中自然而然地产生。

是的，口碑有开关。如果能掌握打开技巧，就会大大提高产生口碑的可能性。我在之前写的《创造回头客的35个开关》（已由东方出版社出版）一书中，介绍了35个创造回头客的开关，得到了很多人的好评。书中写的技巧，一旦打开，就会自然而然地让人行动起来。本书的主题是“口碑”，我将为大家介绍35个促使顾客进行“口碑宣传”的技巧。

这里有一些注意事项：

一部分天才会通过灵光一闪的创意创造出很好的口碑，或者顶级专家会以压倒性的质量创造出口碑。这是我们的憧憬，但本书的目标并不在于此。因为能这样做的人是有限的，而这种特殊的办法并不是任何人都能做到的。

另外，为了避免大家误解，我事先声明，本书中提到的口碑并不会自动在全国范围内蔓延。不久前，“ALS冰桶挑战”在全世界以惊人的速度蔓延开来，而本书的目标并不在于此。

本书的目标是达到**“一位顾客无意中向他的一个朋友谈起”或者“随便发表在Facebook或博客上”**之类的效果。

所以，我对想制造那些引起社会轰动的口碑的人表示遗憾，本书不能满足您这个期待，非常抱歉。

但是对于**“想小范围稳步扩大口碑”**的人来说，本书有着前所未有的充实内容，敬请期待。

另外，本书的目标是实现**“只要下功夫，谁都能做”**。

即使没有“压倒性的质量”，也没有“天才的灵感”，同样可以产生口碑。“无论是谁”，“无论多少次”，都可以“以各种各样的模式”产生口碑。这就是我所说的“口碑开关”。

这样真的可行吗？

一定行！贵店也一定能做到！

首先请您坚信这本书的内容，也请您相信自己。这样一定能产生口碑!!

令人心动的开关并不是因人而异的。当然，虽然多少有些不同，但大部分是相同的。

令人心动的开关也不会随时代变迁而轻易变化。只要您提前抓住了这些让人自然行动起来的技巧，即使时代和生活环境变了，它也同样适用。

第1章请您关注“人为什么要说话”这一点，它在口碑促销中是无论如何也不能忽视的一点。通过分析，我发现了“4种欲望”。另外，我在“人会说些什么”这一点上发现了“3：1”的比例。掌握这些要点，会大大提高您创造口碑的成功率。

从第2章开始就是具体的口碑开关。第2章收录了15个“建立对话入口的开关”；第3章收录了11个“直接关系到顾客到店消费的开关”；第4章从其他视角收录了9个“通过‘机制’扩大口碑的开关”。

一共有35个开关。如果您能实际运用其中任何一个开关，就可以120%地拿回购买本书的本钱。请您务必先找到一个自己想尝试的开关。

那么，我要开始讲解了。

让我们用口碑开关来开始口碑促销吧。

第 1 章

要伺机创造口碑！

1　要寻找隐藏的“口碑开关”！

如果顾客像下面这样评价贵店，您会高兴吗？

“非常好吃，却这么便宜！”

“这家店好极了！”

您会很高兴的吧？被这样说，的确很令人高兴。

但是，对于想知道这家店口碑的人来说，这样的评价等于非常“遗憾”的信息。

顾客很少“说”这种口碑（稍后介绍理由和数据）。

顾客想做什么就会做什么，不会按照商家的意愿行动。刚才的评价，只是商家的一厢情愿，不是顾客想说的，所以顾客不会这样说。

那么，顾客容易说出什么样的口碑呢？

不知道这个问题，口碑就无从谈起。让我们先弄清楚这一点。

所谓“只要努力，顾客就会来”“只要努力，就会扩大口碑”，只是个空想。即使努力不输给其他店，即使手艺好，也还是有不少店的营业额上不去。反之，即使是质量本身并不那么好的店，顾客却为它宣传口碑，这就是现实。懊悔也好，遗憾也好，生气也好，这就是现实。

那么，为什么会出现这种情况呢？

是因为**那家店打开了促使口碑产生的“开关”。**

所谓技巧，既有有意打开的开关，也有在努力的过程中偶然打开的开关。不过，它们无疑都是在某种契机下打开的。

产生口碑时，其中一定隐藏着“口碑开关”。本书将弄清楚35个开关。

2 让我们一起开展“口碑促销”!

本书包含了很多鲜活的事例。

其中包括我自己在实践中取得成果的技巧，与工作伙伴一起思考、实践并发现的技巧，还有从生意朋友那里学到的技巧，分析社会上广为流传的口碑从而得到的技巧，等等。

实际上这些口碑都取得了效果，所以光是阅读各个事例就很刺激了。但是请您注意，事例说到底只是事例，生搬硬套不会产生“自己的风格”。对我来说，还是**希望商家能通过“自己的风格、自己店铺独有的魅力”来提高销售额**。否则虽然短期进展顺利，但不会持久。

因此，本书不仅介绍了事例，而且为了**让所有人都能够从中创造出自己的口碑**，我把“Switch（开关)”和“题目（问题)”总结在每一节的末尾处。并且，尽可能为大家简明易懂地解说产生口碑的“理由和原理”。只要抓住了这些，即使时代变了，您也可以应用。

本书提及的开关大致有两种。一种是**“顾客心动后想告诉别人的开关”**，另一种是**“即使顾客没有明显心动，也能自动扩散出去的机制性开关”。**

“顾客心动后想告诉别人的开关”又分为两种。

第一种是**“建立对话入口的开关”。**其目的是让顾客以商家为话题。但仅凭这些开关，是不会让顾客到店里来的。因此，当打开对话入口时，商家还要提供“想吃哪个”“想去哪儿看看”这样的信息。必须把这些记忆具体地留在顾客脑海里。

第二种是**“直接关系到顾客到店消费的开关”。**它们在口碑中包含着商家的魅力、顾客到店的理由、顾客购买的理由。只要产生了口碑，就会产生顾客到店的可能性。

您在读本书的过程中，也会产生“现在就试试看!”的想法。此时请您不要强行阅读下一节，而是要当场构思一下。因为“热度”对创意来说也很重要。

另外，所谓创意，不仅产生于自己本身，也产生于自己与外部的信息接触后受到的刺激。请您务必在店里的会议上灵活运用，让员工们一起创造创意。如果您能做到这些，则是我的荣幸。

本书有以下5个目的：

①创造提高销售额的口碑

②创造顾客想告诉某个人的“小口碑”，而不是引起一个大的社会轰动

③首先建立“对话入口”

④通过 SNS 等自媒体平台扩散信息

⑤通过机制创造自动传播的口碑

如果您想实现这当中的任何一个，本书一定会帮助到您。

3 碰巧?! 不，口碑不是“运气”!

我第一次注意到口碑的开关，是在出版第二本书的时候。书出版后我赠送了一些书，向那些关照过我的人、媒体人、评论家等每人寄了一本书，里面还写了一些谢意和我的近况。当然，其中也写了我希望他们推介我的书的愿望。

我花了几天时间，逐一包装好寄了出去。在这个过程中，我发现了“某种现象”。

这种现象就是，有人在和我预想不同的时机下，用和我预想不同的内容推介了我的书。出乎意料的是，这种现象发生在好几个人身上。

“这是……”

这一瞬间，我注意到了第一个口碑开关。

那个时候，我只知道这一个开关，没有想过“口碑的开关是不是有很多呢”这个问题。下一年，我出版了第三本书。在赠送书的时候，我想起了前一年的事情，决定和之前一样花工夫寄书。

结果一样。

这次相继出现了以“预想的时机”“预想的内容”为我推介书的人。这个开关果然是对的。

我花的这一点“工夫”如下图所示。

就是在每一本书的几节中贴上“附笺”，并在封面上写上“附笺页是我最喜爱的内容。请您在方便的时候多加留意”。

这样寄出去之后，收到书的人往往在介绍“这是真喜屋先生送来的新书”的同时，会加上一句：“他还特意为我做了附笺。”

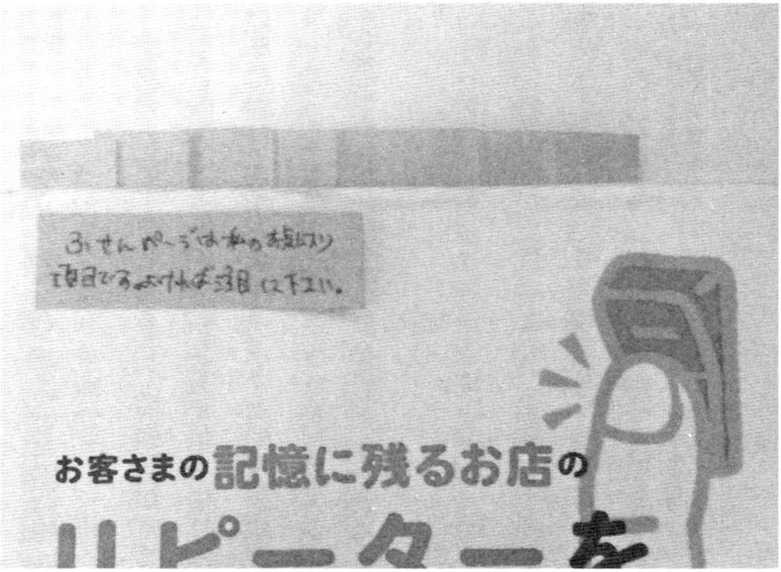

我在 Facebook 上可以看到这样的介绍，他们明明还没阅读。

我很高兴，同时深信“这是口碑的开关”，并且认为应该还有其他类似的开关。

(其实我并不想把这个开关事例写出来，因为我也要赠送这本书给别人。但是，这是我最初发现的事例，所以也不能删除它。)

我就此明白了“口碑不是运气”。

而是**要想着打开开关才行，开关一旦被打开了，人就会自然行动起来**。

在生意上，努力和运气都很重要。但是，说起口碑来，最重要的并不是努力，也不是运气，而是有打开技巧。您需要为此下功夫。

4 智能手机开拓“口碑促销”时代

日本总务省[①]的数据显示，网络信息量呈现出惊人的增长趋势。

虽然这是前不久的数据，但是明确了一个我们理应知道的概念。据说**平成二十一年（2009年）互联网上的信息量是平成十三年（2001年）的71.7倍**。我们可以很容易地想象到它现在是一个更大的数字（www.soumu.go.jp/main_ content/000124276.pdf）。

71.7倍！这是个惊人的数字。另外，据说也有消费信息量的数据，这是我们作为消费者有意识地接收到的信息量。它在同时期内也上升了2.3倍，但远远比不上信息量。

即便如此，我们每天有意识接收到的信息量也比几年前增加了两倍以上。这让我们对信息都疲倦了。

考虑到这种信息量的增加，我们必须意识到“商家应该改

① 总务省：日本中央省厅之一，主要管理范围包括行政组织、公务员制度、地方财政、选举制度、情报通信、邮政事业、统计等。——译者注

变促销方法”，并且考虑以下事项：

回没有收到的信息量在不断增加

在互联网上，几乎谁都可以免费上传信息，智能手机的保有率也在上升，所以今后信息量还会增加。但是，人们能够接收的信息量是有限的。于是，不管怎样，收不到的信息会越来越多。好不容易上传却没人看的信息也在不断增加。

回消费者不再关注他们不需要的信息

信息量越多，消费者不需要的信息就越多。这会怎样呢？他们会关闭不需要的信息。因为他们根本没有时间去看不想看的东西。

我们从这种状况可以知道，商家和之前一样进行促销是不行的。正因为如此，“口碑促销”今后将变得越来越重要。

今后，顾客会关注哪些信息源呢？

应该是**由“值得信赖的人和媒体”发布的信息，也就是熟人、朋友以及值得信赖的人（包括名人和媒体）发布的信息**。

换句话说，是值得尊敬的人在博客或电子杂志（Mail Magazine）上发布的信息，是身边的熟人和朋友在 SNS 上发布的信息，或者是值得信赖和自己喜欢的媒体发布的信息。

为了避免不需要的信息，今后的消费者将进一步利用这些信息源。请您不要放过这里。如果您不能趁势而为，那么您在今后的促销和招揽顾客的活动中将更加困难。

而且，这些信息中承载的就是“口碑促销”，它与顾客的到店数量、销售额直接相关。创造口碑的技术在今后的促销中是必不可少的。

只是，至今为止把口碑技术总结成“技术”的书并不多。有分析社会轰动现象并尝试重现辉煌的书，也有主旨是认真制作好东西、重视“真诚”从而产生口碑的书，还有虽然总结了技术，却是在智能手机时代之前写的书。遗憾的是，似乎还没有着眼于今后如何发展的口碑促销书。

也就是说，能够把口碑促销作为技术进行实践的商家还不多！

如果您能尽早实践，就能与竞争对手拉开差距。

口碑促销的技术是今后的时代所需。

它也许会进化，但本书中涉及的口碑技巧，是基于顾客的“心理活动”和“行动原理”，所以无论多少年后都可以应用。请您务必与本书一起创造出更进一步的口碑促销。

5 最棒的还是“自己”。人为什么要说话？会说些什么？

让我们考虑一下人们宣传口碑的原则。

首先最重要的是，**顾客自己并不会意识到“我现在正在宣传口碑”。**这很自然，但我们的这种认识非常重要。

顾客都是说自己想说的话。如果在顾客的话题中提到商家的店铺或商品，就叫口碑。这样看来，比起口碑的原理来，商家知道顾客“会说什么”更为重要。

我自己调查过一组数据。是在 Facebook 上提取一定时间内的大约 300 个帖子，并进行分类，看看有什么样的内容。Facebook 是人们各抒己见的地方，是一种口碑的媒介（我看不到人们通过对话进行传播的口碑，所以也不能将其作为数据进行调查。但是，Facebook 上有“看得到的口碑”，是一个非常便于分析的工具）。

比如 Facebook 上有这样的内容：

“隔了好久又来到这个○○家（拉面店）”

“早上好！今天早上风很大……”

“我更新了博客”

“我做了小吃”

“这个 POP（卖点广告）很有趣！”

“收到○○公司的道歉信，这是怎么回事？”

“这本书非常有趣！我推荐”

“据说台风○○，请大家小心”

我想这是大家经常看到的内容，并没有什么稀奇的，都是些极其普通的帖子。

如果您连续查看 300 个帖子，就可以将它们分为几组。

例如，“隔了好久又来到这个○○家（拉面店）”和“早上好！今天早上风很大……”这些内容是在说**“自己的近况”。**

接下来“我更新了博客”和“我做了小吃”这些内容也属于自己的近况，但更加深入了一些。他们在表达自己的想法，传达自己制作的东西等**“由自己产生的东西”。**

下面“这个 POP（卖点广告）很有趣！”和“收到○○公司的道歉信，这是怎么回事？”这些内容是发帖人的**“动心的内**

容”或者**“自己经历过的情景”。**

而“这本书非常有趣！我推荐”和“据说台风○○，请大家小心”这些内容不是关于自己的，属于**“为他人提供的信息”。**

我在这样对这300个帖子进行分类的过程中注意到，**有很多人发帖的内容是关于“自己的事情”。**

“隔了好久又来到这个○○家（拉面店）”“早上好！今天早上风很大……”“我更新了博客”“我做了小吃”等内容都是关于“自己的事情”。我将其称之为**“自情”。**

与“自情”相对，我将自己之外的内容称之为**“他情”。**

“这本书非常有趣！我推荐”“据说台风○○，请大家小心”等内容属于“他情”。

我试着计算了“自情”和“他情”的比例。您觉得这个比例是多少？您认为哪一个更多？

结果是这样的：

自情……77%

他情……23%

比例约为 3 : 1。

（这是我用我自己的 Facebook 账户在某段时间内调查分析的数据。分类上多少有些主观性，请您谅解。）

这意味着什么呢？

这意味着人们净是在谈论自己。

顾客基本上是在谈论“自情”，4 次有 3 次是关于自己。剩下的一次是关于“他情”，而且主要是彰显“说话人、传达人的优势”的。例如发帖推荐书，是想对其他人有所帮助；发布天气信息，是对某个人表示关心。

这样看来，您也许就明白了。

您还记得本章开头写的评价吗？

“非常好吃，而且这么便宜！”

“这家店好极了！”

几乎不会出现这种评论（对于那些成为粉丝的顾客来说，另当别论。它是一种偏爱）。

顾客不会提供我们商家想要的口碑。

这是理所当然的，也是没有办法的事情。因为顾客不是为商家而活着的。

人们会把“自己的事情”或者“帮助他人的事情”作为话题，而不会谈论对店铺有好处的内容。这一点非常重要，我再说一次：

顾客只谈论自己。

也就是说，在口碑开关上最重要的是，商家要让顾客把商家的情况当作“自情”来讲。

“这家店很好啊。”属于对商家的评价，对顾客来说，则是“他情”。可是，如果话题变成“在这家店，进行了〇〇样的体验，非常感动”，就会成为顾客的“自情”。因为这是顾客自己的经历和感动。

商家是否知道这个区别，非常关键。如果忽略了这一点，就很难产生口碑。

当然，本书涉及的技巧主要是让顾客把商家的情况当作“自情”来讲的技巧。请您放心。

6 总之，口碑有三个要素

看了好几个口碑的事例后，我发现有一个共同点，口碑是在具备“三个要素”时才会产生。

具备三个要素，就会提高产生口碑的可能性。记住这些要素，会进一步提高口碑开关的精确度。

第一个是绝对不能忽略的要素，即**“谈资”。**

口碑是人与人之间的交流，没有交谈的素材是无法开始的。所以，人需要交谈的素材，即谈资。它在打开任何一个口碑开关时都是必需的（不过在某些“机制性的口碑开关”中也有可能没有）。

而第二和第三个要素虽然不是必需的，但是有的话，也会提高产生口碑的可能性。它们分别是**“Hot 的心情”**和**“Item”**[①]。如果具备这些，就会进一步提高产生口碑的可能性。

“Hot 的心情”是指让顾客的热情高涨，是顾客有了与平时不一样的体验，或者有了温暖人心的事情后而产生的“太震惊

① Item：人在做某事时必须拥有的东西，此处相当于人在宣传口碑时用于表达口碑的物品。——译者注

了”“好高兴”“好厉害”等强烈的心情。

举个例子，试想一下，一家餐饮店为预约的顾客准备了一张“欢迎卡”，把当天预约的顾客姓名和祝词写上去，并放在餐桌上。顾客看到后就会很开心，拍张照片给别人看。

顾客在这里就有了**“为我准备了卡片”这一谈资**。而且还有**卡片这个实物性的“Item”。**也就是具备了刚提到的那两个要素。

接下来让我们来看看“心情”这个方面。

如果在欢迎卡上有以下两段文字，请您比一比，顾客的印象会有什么不同呢？

A：“○○先生/女士，感谢您今天的预约。祝您用餐愉快。”

B：“○○先生/女士，感谢您今天的预约。前些日子您中意的○○，今天也到货了。”

结果可能因人而异，但我还是认为 B 会更让人高兴吧。A 是对任何顾客都可以写的文字，B 却不是这样。因为商家**记得顾客上次到店时的事，并有所提及**。

顾客会觉得“竟然记住我了”而热情高涨。也就是说，顾客的心情会变 Hot。人是希望得到共鸣的动物，在热情高涨的时候会想告诉别人，并且希望对方也有和自己一样的心情。

人在热情高涨后就想告诉别人，这样也就提高了产生口碑的可能性。

三个要素中最后一个是“Item”。Item 容易产生口碑的理由有两个。

其一是**“Item 是回忆的契机”。**

例如，假设商家把顾客在店里抽签中奖的赠品点心放在顾客的包里。即使顾客一时忘记了商家，打开包看到那个点心后，也会想起这个商家。而且，当他询问附近的朋友“一起吃吗”时，别人就会说“我吃，这个点心是哪里来的”，而当他回答“在○○店得到的”，谈话就与商家相关了。换句话说，这样会提高顾客谈论该商家的可能性。

这虽然只是其中的一个例子。一旦有了 Item，就会成为让顾客想起、与人交谈的契机。

其二是**“Item 可以给人看”。**

在使用 SNS 的时代，很多顾客都会在 SNS 上发一些帖子。

多半还会在上面配上照片。因为人在无法很好地用语言表达内容的时候，会用照片来表达。照片很容易成为发帖的素材。

另外，如果人手头上有实物性的 Item，也可以直接给朋友看。所以，Item 很容易产生口碑。

总之，口碑的三个要素是“谈资”“Hot 的心情”“Item”。

在我接下来介绍口碑开关的过程中，很多技巧都包含着这三个要素。请您务必在阅读本书时关注它们。另外，在您着手创造口碑时，请一定检查一下是否具备这三个要素。

7　要好好抓住人在聊天时的4个欲求!

我接下来进一步分析口碑。

人在说话的时候，应该是有某种“理由”的。从前面提到的 Facebook 的帖子得知，人是因为 4 个欲望才说话的。

①想被认可

首先来看“隔了好久又来到这个○○家（拉面店）”“早上好！今天早上风很大……”这类帖子，发帖人的欲求是什么呢?

这些是发帖人讲述自己近况的帖子，看帖人并不会因此受益。说起来，它们是**自己、自发、为自己的帖子**。发帖人期待着在 Facebook 上得到别人的“点赞”，或者期待得到一些评论。换句话说，发帖人希望别人知道自己在做什么，并予以认可。

②想被称赞

接下来看“我更新了博客”“我做了小吃”这类帖子，发帖人的欲求是什么呢?

例如，当发帖人说“我做了小吃”这句话，同时配上这道菜的照片，会怎么样呢?如果看帖人评论说“真厉害啊，都会做小吃了”或者“看起来很好吃”，他一定会很高兴吧。发帖人想要的就是这些。

之前第一类帖子是讲述自己的近况，得到别人的“点赞”就会很高兴。这一类帖子则是发帖人讲述自己更加深入的近况，是自己的想法和自己制作的东西，是由自己生产出来的东西。所以，**只得到“点赞”是无法满足的**。因此我认为，他们还有“想被称赞”的欲求。

③想要共鸣

接下来是“这个 POP（卖点广告）很有趣”“收到○○公司的道歉信，这是怎么回事”这类帖子，它们是由发帖人的某种体验或发现而导致感情波动的帖子。发帖人表达了自己波动的感情，**如果能让对方有同样的心情，就会很高兴**。他们的欲求并不是想要夸奖，而是想要别人有同样的感动或同样的感情。换句话说，想要共鸣。

④为对方释放善意（想帮助对方）

为什么会出现“这本书非常有趣！我推荐”“据说台风○○，请大家小心”这类帖子呢？可以说，他们是为了对方，**想帮助对方才发帖的**。我认为这是为对方着想的信息，是释放善意的帖子。

但是，我们也可以从其他视角来理解这类帖子。特别是在 Facebook 等社交媒体上向很多人发布信息时，发帖人多会觉得自己处于优势地位。其中也有“自己向大家发出了有好处的信息，真厉害”等这种寻求“想被表扬”的心情。他们虽然稍显别有用心，但也没有什么不好的。我觉得人可以有这样的私心。

我们都是为了满足某种欲求而采取行动的。这对于口碑来说也不例外。商家在理解了顾客这些欲求的基础上打开口碑开关，就会将成功的可能性提高一个层次，甚至两个层次。

请您尤其不要忘记“自情”“人想说话的 4 种欲求”。

我接下来具体讲解一下口碑开关。

第 2 章

建立“对话入口”的口碑开关

1 口碑促销的"根本"是让顾客拍照!

下面照片中的这道菜是 AWkitchen 餐厅的招牌菜"农园意式冬季蔬菜料理",以蔬菜和意大利面为主。透明的玻璃器皿中,装满了五颜六色的新鲜蔬菜,外形呈卷状。

这张照片是从经营 AWkitchen 的 Eat-walk 股份有限公司那里借用的,而我本人和家人一起去那里吃饭的时候也拍过这道菜的照片。平时我在餐饮店吃饭的时候不怎么拍照,但是看到妻子拿出智能手机拍照,我也就跟着拍了。

我们旁边的桌子有两位女士在吃饭,我看见在上这道菜的时候,她们俩也用智能手机拍了照。这是一道让人

“想拍照”的菜。

关于全世界每年拍照的张数，我找到了一些数据。据统计，2000 年拍摄的照片有 850 亿张左右，2011 年则是 3 兆 5000 亿张以上。不管现在的数据是否正确，在这 10 年左右的时间内，想必膨胀了几十倍之多，这是毫无疑问的。

以前，大家拍完照片都会去“冲洗”。所以，每一张都特别重要。多是摆好姿势，喊一声“茄子”之类的。现在的情况发生了变化。

随着手机和数码相机的普及，越来越多的人不再去“冲洗”了。

而且，智能手机的普及进一步加快了这一趋势。人们经常用手上的智能手机拍完照，放到 SNS 上和朋友一起分享。

照片只是个数据，如果拍不好还可以删除重新拍，拍多少张都行。不用像以前那样认真地对待每一张照片，可以轻松地按下快门。现在最大的变化就是可以拍很多照片。

这个趋势对口碑促销也有很大的帮助。

在 SNS 上，照片是非常有效的发帖内容。**店内的照片如果被顾客亲自发到 SNS 上，店内的信息就会被传播出去。也就是说，商家不用花钱就能把自己店里的信息传播出去。**

“请您拍一张照片”，可以说这在今后的口碑促销中是根本的、必不可少的一项。商家要准备好顾客想拍照的素材。

提到照片的素材，我们很容易理解成“美观的料理或商品”。

请您再看一看上面那张“农园意式冬季蔬菜料理”的照片。这张黑白照片虽然传达不出颜色的鲜艳度，但是真的非常漂亮，就像插花一样。当它放在餐桌上的那一瞬间，我会禁不住“哇”地发出叫声。

我问了经营这家餐厅的 Eat-walk 公司董事中泽后得知，他们果然非常注意“耐看”这一点。据说他们公司规定“禁止料理丑陋”。所以他们提供的都是精美的料理，其他料理也令人着迷。

像这样精美的料理就是拍照的素材。

拍完照片之后，能否发到 SNS 上，取决于顾客。但是照片会产生创造口碑的机会，所以能让顾客拍照本身是有好处的。

所谓照片，是**瞬间保存现场的工具**。食物吃完后就没有了，旅游时去的地方离开后就看不到了。拍照是为了保存现场体验的。

另外，照片不是拍完就结束了，顾客是为了“接下来使用”

才拍的。顾客有可能一拍完照片就发到 SNS 上，或者第二天发到博客上，还有可能日后向朋友炫耀，或者存到自己的相册里，又或者找个时间去冲洗出来。不管怎么说，顾客是为了**有可能“日后再看”**才拍的。

我再重复一遍，请顾客拍照是商家在今后的口碑促销中不可缺少的根本。商家要考虑一下，准备什么样的素材会让顾客想拍照片，顾客看到什么样的东西会想保存那个瞬间。“漂亮”很重要，更进一步说，商家如果能让顾客具体表达出“简直像○○”就更好了。

我之后还会介绍几个让顾客拍照的技巧。请您先把“请顾客拍照”这个技巧记在脑海中。

在这里，我要说一个我自己觉得非常开心的事情。经营 AWkitchen 的 Eat-walk 公司不仅料理好吃，还在“策划”或“魅力企划”方面积极对待，正因为如此，他们才产生了动人心弦的创意。

开关 1 您要准备精美的料理或商品让顾客拍照

题目 如何在外观上想办法，才能让顾客拍照呢？

2　要让顾客和特定角色合影

如果顾客愿意拍照，就会很容易把照片放到 SNS 上。这是事实。

但是，即使顾客兴致勃勃地把拍得漂亮的照片放到 SNS 上，商家也不太可能招揽到顾客。因为照片上拍的是看起来很开心的人，而不是店铺的魅力。从商家的角度来考虑，让顾客把“店铺的优点”和“店铺的特色”也能一起拍到照片里，才会高兴。

为此，其中一个方法是让顾客拍摄上一节那种商品的照片。那么，还有没有其他办法呢？

如果您去迪士尼乐园看见米老鼠和唐老鸭在眼前走，您会怎么样？不想拍照吗？可能的话，我想不是单独拍一张米老鼠的照片就算了，而是想把自己，以及和自己一起去的人也放进照片里吧。是的，**有人气的角色是人想和它一起拍照的存在**。它就是一个拍照点。

虽说如此，商家却不能直接模仿这个方法。因为店铺里没有像米老鼠那样的人气角色。但是，如果您稍微下点功夫，就能让顾客实现和特定角色的合影。

例如，请看下页的照片。如果您在店内放有这么一个鸡的玩偶，会怎么样呢？这是木刻鸡，是商家为促销制作的。然后再加入一个小故事："这只鸡有利于姻缘和生意兴隆，许个愿抱一抱，愿望就会实现（它去产地附近的神社开过光了）。"

一家东京都内的鸡肉店把它放在柜台上。年轻的男女们很快就会注意到，就会问店员"这是什么"，店员说明它的好处后，顾客就会抱抱它。而且因为机会难得，很多人还会拍照。这就变成一个顾客愿意拍照的地方。

如果顾客把这张照片放到 SNS 上，或者给朋友看一看，会怎么样呢？可想而知，一定会收到"哦，真有趣啊""好可爱啊"之类的评语。这就变成了值得顾客发帖的素材。这是通过加上"许愿"的要素，创造出合影地点的事例。

另外，还有让顾客和员工一起合影的创意。

比如说，如果每个月做一天活动，当天让一位员工戴上面具工作，会怎么样呢？并且让这位戴面具的员工进行与顾客交流的游戏活动。类似于"只要和面具人握手，就可以得到○○""只要和面具人猜拳或者掰手腕获胜，就能得到○○"等。

商家可以像这样特意制作出一个特别的角色。一定有顾客

会在活动中做完游戏拍张照片的。这样顾客就能形成“我赢了面具人”之类的话题，所以也很容易得到他周围人的回应。

这是满足人们“想被认可”“想被称赞”的技巧。

让顾客和特定角色合影，对商家来说或许看起来很困难，但实际去尝试一下，还是可以实现的。请您务必试一试。

开关 2　**您要制作出让顾客和贵店的特定角色合影的拍照点**

题目　什么样的特定角色，什么样的话题，才能让顾客来拍照呢？

3 要说上一句话来鼓动顾客拍照

日语中有一个词叫“分清黑白”，意思是弄清楚孰是孰非。

为什么会有这个词呢？我想肯定是因为很多地方非黑非白，是一个灰色地带。这也许是日本人的暧昧，反过来说也是日本人的优点（据说这个词的词源是围棋的黑白子）。

这个词也可以用来说拍照的情况。

假设顾客看到有点精美的料理或者艺术品，会觉得“好漂亮啊”“好有趣啊”。那么这里应该就有一个“想拍照，也可以不拍照”的灰色地带。不，其实是想拍照，但因为周围没有人拍，所以自己也会有所顾虑。

处于这个灰色地带之下，顾客就不会行动起来。

那么，商家就要让顾客在拍照上分清黑白。如果顾客处于灰色地带之下没有行动，那就太可惜了。

为了让顾客分清黑白，商家要稍微说上一句话。看见顾客被料理或艺术品吸引住的时候，店员就要立刻对他说：

“有很多人都在这里拍照哦。”

“可以拍照片哦。”

店员这样说后，顾客就会理解为“其他人也会拍照”“这是一家可以拍照的店”。

店员的这句话可以让“想拍照”的顾客轻松地拍照。原本不打算拍照的顾客也不会有异议。因为这句话的目的不是让“拍不拍呢”的顾客处于原地，而是让他们分清黑白。

总而言之，这是一句促使顾客做出决断的重要话。请您一定要试一试。

开关 3 **您要用“有很多人都在这里拍照哦”这句话让顾客分清黑白**

题目 贵店在什么情况下能用上这句话?

4 只要错开时间，“理所当然”就会变成“惊讶”

还有一个技巧是，即使不改变工作量，不明显改变工作内容，只要改变“某事”，也能让对方感到惊讶，不由得想对别人谈起贵店。改变一个东西即可。

它就是“**时间**”。

即使做同样的事，只要错开时间就能产生口碑。这是一个非常有趣的开关。

记得有一件2013年11月发生的事，我报名参加了一次研讨会。我已经在网上办理了申请手续，但离研讨会还有一个多月的时间。申请后几天，我的邮箱收到了一张明信片，是研讨会的主办方——超人气班的西泽一浩总经理发来的。

明信片是手写的，然后拍成了照片。

他在明信片上感谢我报名参加研讨会。因为我当时还没参加研讨会，所以很惊讶。

一般来说，感谢信都是在参加研讨会后，或者是顾客在到

店之后收到的。而这封感谢信却是提前发来的。

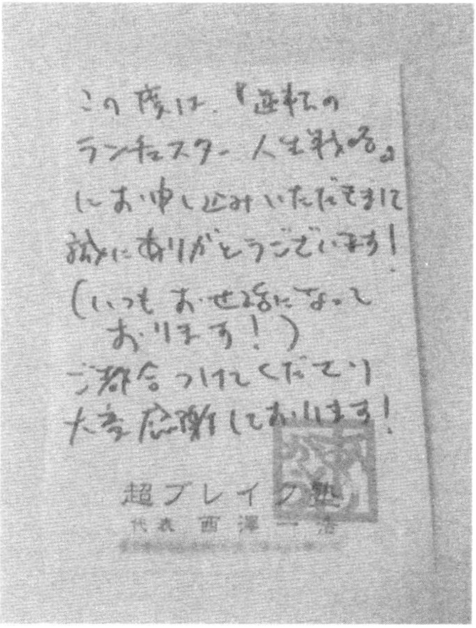

发送感谢信本身并不稀奇。当然，手写然后给每一个人寄明信片非常辛苦，所以收到明信片的人考虑到这份辛劳，心情会感到温暖的吧。但是，这样不会让它变成口碑传播开来。因为这对个人来说虽然很高兴，也能温暖人心，却成不了什么能跟人聊天的热门话题。感谢信的内容如果特别感人就另当别论了，但通常的感谢信不会成为口碑。

在这里，**错开时间**，就产生了口碑。

时间一错开，对方就会感到惊讶，就想对别人说。事实上，像我一样收到明信片的人已经在 Facebook 上分享了西泽一浩手写的照片。也就是说，即使不改变工作量，不在工作内容上下大功夫，也能通过错开时间来产生口碑。

除此之外，还有一个通过错开时间产生口碑的例子。

2014 年的冬天，在池袋的西武百货商店开了一家 KitKat 巧克力专卖店。那里卖的巧克力只有在那家店才能买到。其中有一种巧克力 1 份需要 300 日元，每天的销量有限，我中午之前去的时候已经卖光了。

“什么？已经卖光了？”这要是在快关张的时候，您也许会觉得没什么。正是因为它比预期的时间过早地卖完了，所以我才感到惊讶，于是也就想把这个情况跟别人说。这当中包含着第 20 个开关“可笑的悲剧”的要素。

另外，据说有的餐饮店会在上小菜的时候，把原本套餐料理中的主菜端上来。这也是通过错开时间从而产生惊讶的例子。

人们一旦产生这样的惊讶，就会想得到其他人的共鸣，所以会产生口碑。

开关 4 **您要错开平时做事的时间来制造惊讶**

题目 错开哪个时间，顾客才会感到惊讶呢？

5 设置“中奖券”会怎么样？

这是我本人在做讲座时经常使用的素材。

几乎毫无疑问的是，它可以“活跃气氛”，并且有望通过口碑扩散开来。

讲座开始前，我把它和讲座摘要一起放入一个“秘密小袋”里，然后摆放在各个座位上。那个小袋子上写着“不要打开哦♥在我说‘可以’之前不能打开它”。

我先让在座的人“着急”一会，可以看一看这个小袋子，但是不能打开它。以防万一，我会口头说明一下：“我们待会儿一起打开，请大家再忍耐一下。”这样一来，大家应该对里面的东西有点在意。如果事先进行这样的设置，一旦打开，其关注度也会提高。

然后，在讲座进行一段时间后，我让大家一起打开小袋子。里面有两个东西。一个东西是总结了讲座内容的卡片，这是给所有人的讲座礼物；还有一个东西只有一些人有，它是一种特别的券。

是“中奖券”。

对抽到“中奖券”的人，我会准备我写的书、汇总有促销技巧的小册子、我老家横滨的点心等，作为赠品送给他们。令我欣慰的是，中了奖的人表示非常高兴。

于是，很多人给那个赠品拍了照片，并写了“在今天参加的讲座上中了奖。这个讲座……”之类的感想，一起上传到了Facebook或博客上。

因为您在“参加了讲座”这个情景中加上一个“中奖了”的谈资，所以很容易让人发帖。它**不是所有人都能得到，而是只有幸运的人才能得到，所以会让人觉得有“稀有价值”。**当中奖的人向别人说起时，有可能会得到“你好厉害啊”“太好了”之类的回应，这样也会让中奖的人**产生一种“优越感”。**

对商家而言，策划“中奖券”的活动也很容易实施。

商家可以在活动中让到店的顾客全部抽**“签”**，如果是餐饮店的宴会，可以**事先设置一个“中奖签”或“秘密小袋”，与筷子和盘子放在一起**。

即便没有准备到这种地步，您还可以想想其他办法。比如以8∶1的比例，只在筷子袋背面贴上“中奖纸”也是可以的。在顾客就座的时候，只要跟他们说上一句，他们就可能会注意到。那么为什么是8∶1这个比例呢？当然是因为“八”代表

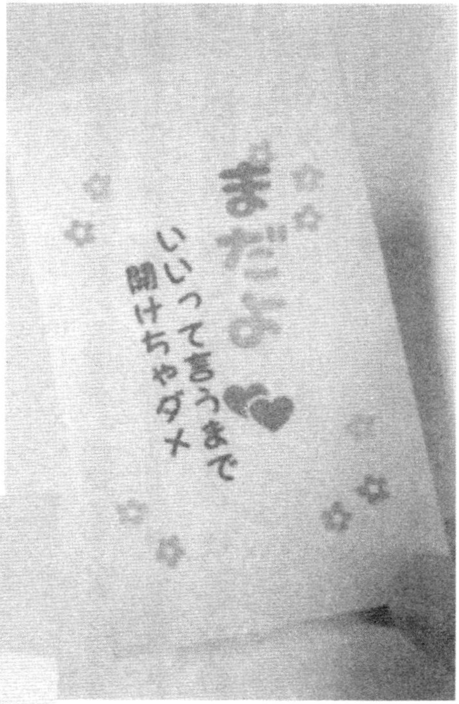
まだよ
いいって言うまで
開けちゃダメ

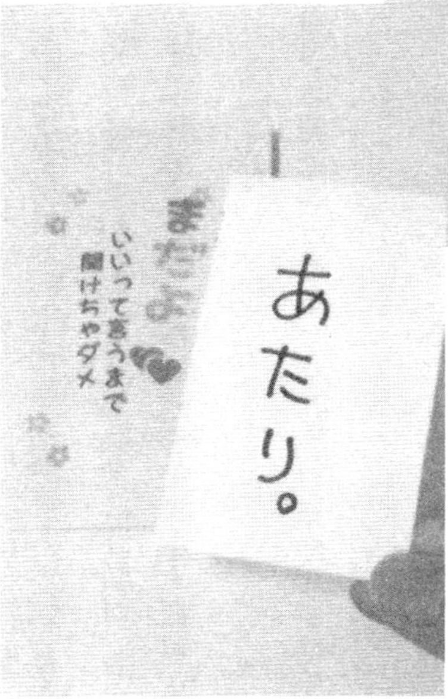
まだよ
いいって言うまで
開けちゃダメ
あたり。

"生意兴隆"的吉兆。如果您在这些细节上都赋予了意义，会提高它的价值。

设置"中奖券"，是一种既简单又能活跃气氛的有效方法。请您一定要做做看。

开关 5 您要以 8：1 的比例设置"中奖券"

题目 用什么方式让顾客抽"奖"呢？
怎样才能让顾客留下"中奖"的证据呢？

6 要赠送让顾客觉得有价值的礼物

这是一件我和妻子、儿子一起在超市买东西时发生的事情（我很喜欢超市）。这家超市的试吃活动给人留下了很深的印象，我也常常跟别人谈起。

更确切地说，这是我的自吹自擂。因为我知道，我说这些后是会被人羡慕地说“真好”的。

试吃的是“哈根达斯”的冰淇淋。当时好像在发售曲奇冰淇淋（在薄曲奇上夹带冰淇淋）的新口味，试吃时这些冰淇淋被切成了4块。

真吓我一跳。

这可是哈根达斯啊！一个都需要280日元。被切成4块，每块也要70日元。超市的度量真大啊。

果然很受欢迎，店员刚一切好，转眼间就没有了。

这次试吃活动，**虽然会让人觉得超市“度量真大啊”，但实际上这正是超市想要的结果**。之所以这么说，是因为试吃的人以后会在不经意间说：“前段时间，我在那家超市试吃过很棒的冰淇淋哦。”

而且，这不仅有口碑的效果，还有**让顾客记住后再次光临的效果**。如果顾客日后从这家超市前经过，会怎么样呢？哪怕事实上下次去的时候没有这种活动，他们也会抱有淡淡的期待："可能又在做那种试吃活动吧。"

同样是试吃活动，试吃"毛豆"就没有这种效果。

"太好了！我试吃了一种极普通的毛豆！"这件事不算什么话题。因为即使告诉别人，别人也不会惊讶，顶多随声附和一声。但是，"我试吃了哈根达斯"这件事就会成为话题，还会引起对方的回应："真好，我也想吃！"

毛豆和哈根达斯有什么不同呢？是的，哈根达斯很容易让人感受到**"金钱价值"。**

毛豆当然也有金钱价值。但它不会给人高级的印象，因为它每一个都很小，不会让人有"收到了贵重的东西"的感觉。而且，毛豆在任何地方都能经常试吃到，没什么稀奇的。

哈根达斯则完全不同。人们一直对它有"高级冰淇淋"的印象，而且在这次试吃活动中，尺寸也大（如果尺寸是一小口，不会有同样的反应），**能让人明显感到得到了一个有价值的东西**。

还有一点，**任何人都知道哈根达斯这种商品**，也是重点。假设是高级品，但没有人知道，那么也不会成为话题。

开关 6　**您要免费赠送让人感觉到有“金钱价值”的礼物**

题目　能轻易传达贵店特色的东西，即有金钱价值的东西，是什么？

7 怀念之物会引起共鸣

有的商家会通过稍微改变所有商家都在做的事，或者所有商家都会给顾客的东西，来创造口碑吸引顾客。在东京下町[①]的门前仲町有一家叫“小铁”的炭火烤鸡肉串店。这家店的促销模式是，在符合店的气氛和理念的情况下，想办法通过顾客的介绍产生新顾客。

“小铁”想的办法虽然很不起眼，却产生了巨大的效果。它只是稍微改变了所有商家都会给顾客的东西。

这个东西就是在结账时给顾客的“找零”。

“小铁”在给顾客找零时都会搭配上一张“100 日元纸币”（到 2015 年 6 月为止，这种促销方式已经结束了）。

日本银行现在已经不生产“100 日元纸币”了。但是因为没有停止使用，所以现在也可以去银行兑换。“小铁”把它作为找零中的 100 日元给顾客。

日本银行在 1974 年就停售了 100 日元纸币，而 50 岁以上的

① 下町：城市中的商业手工业者居住区，平民居住区。——译者注

顾客有使用过的记忆，所以会让人很怀念。他们得到后一定会很高兴地去炫耀吧。**所谓怀念，是想告诉知道这个东西的朋友**，并希望得到同感。

另外，在廉价甜品店卖的东西等也会成为人的怀念之物。

它可能是“YOGUL”这种用小杯子盛的酸奶制品，也可能是裹在两个木棒上的软糖，每个人想起的东西也许各有不同，但是这家甜品店会提前准备上几种，在顾客饭后或结账时让顾客挑选一个，顾客就会非常高兴（还有很多可以买到的廉价甜品）。

另外，洋画片、小陀螺等玩具也会令人怀念。虽然不能带回去，但可以和一起来的人怀念一下而兴高采烈，或者问一起来的年轻人“你知道这个吗”，然后再给他讲解。

怀念之物，会打动人心。而且，怀念之物，**也让人想得到共鸣**。

使用它的时机，要根据店里的气氛或活动的内容而定，如果有机会，请您一定试试看。

开关7 **您要为顾客自然而然地提供“怀念之物”**

题目 能传达贵店特色的“怀念之物”有什么呢？

8 要展示出自己独一无二的“发现”

在 2014 年 6 月 2 日的报纸上，有一个广播电视栏，制作精美，从而形成了口碑。它是 NHK 电视节目“专业人士”的节目介绍栏。

这个时期是即将迎来巴西足球世界杯的时期，节目介绍栏刊登了日本的种子选手本田圭佑的特辑。请您仔细看一看报纸上这个广播电视栏和介绍节目的文字（下图,《朝日新闻》）。

一般读来，它并没有什么特别奇怪的地方。那么，为什么会传播开来呢？

如果把最左边的文字竖着念的话，它就变成了“日本加油 W 杯”(日本ガンバレW 杯)。

这样的组合很是出彩，于是它成为话题，并传播开来。

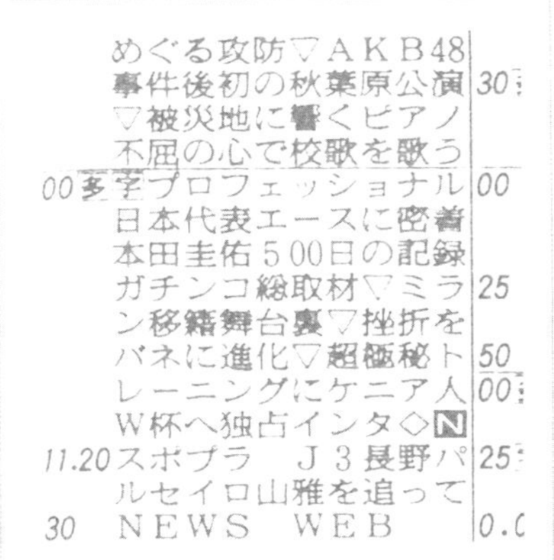
めぐる攻防▽ＡＫＢ48
事件後初の秋葉原公演 30
▽被災地に響くピアノ
不屈の心で校歌を歌う
00 多字 プロフェッショナル 00
日本代表エースに密着
本田圭佑５00日の記録
ガチンコ総取材▽ミラ 25
ン移籍舞台裏▽挫折を
バネに進化▽超極秘ト 50
レーニングにケニア人 00
W杯へ独占インタ◇N
11.20 スポプラ　Ｊ３長野パ 25
ルセイロ山雅を追って
30 ＮＥＷＳ　ＷＥＢ 0.0

这种排版能传播开的关键是**“发现”。**

排版方并没有特意宣扬。因为这样做会令人扫兴。

而发现它会令人兴奋。因为**其他人还没有注意到，“只有自己知道”，“只有自己发现”。**这个发现会让人**想炫耀一下，告诉别人并想让别人有同样的兴奋感**。

迪士尼乐园里的“隐藏的米奇（Hidden Mickey）”、乐天小熊饼中的“盲肠考拉”、卡尔（Curl）零食中的“卡尔叔叔”也是一样，它们都充满了发现的喜悦，顾客都想在自己发现后高兴地告诉别人。

让顾客**发现的东西应该是“所有人都知道”的**。模仿“隐藏的米奇”，制造自己店的原创角色，藏匿在店内，顾客不会感到有太大的发现。即使有顾客发现后跟朋友说，也不会引起什么轰动的话题。

如果是任何人都知道的发现，比如下面这种模式，会怎么样呢？

在餐饮店的沙拉中隐藏需要被发现的材料。比如隐藏用胡萝卜仿制的“兔子”和用黄瓜仿制的“乌龟”。顾客在吃沙拉的时候发现它，可能会想起“兔子和乌龟”的故事。而“兔子和乌龟”是大家都知道的故事，所以会成为话题。这样一来，顾客极有可能把兔子形状的胡萝卜和乌龟形状的黄瓜并排拍成照片，说些“我现在要消灭乌龟了”之类的话，并根据故事情节写上评论。

如果没有故事，蔬菜只是模仿了“兔子”和“企鹅”的话，就不会发展到这个地步。顾客发现后可能会觉得“可爱”，但有可能就到此结束。如果在这里加上所有人都知道的故事，就能和其他人形成共同话题，也就容易说出口了。

商家要想展示出“发现的喜悦”，就需要隐藏一些东西。商家要想让顾客与周围人形成共同话题，就要加入一个大家都知道的故事。虽然这个技巧有点难度，但顾客会因此兴奋的。

开关8 您要事先隐藏需要顾客发现并告诉别人的材料

题目 可以隐藏的地方有哪些呢？
顾客发现什么，可能会成为话题呢？

9 让顾客寻找别人的方法

旅游景点的特产店里经常摆放着有名字的钥匙圈，比如“仓井”和“胜田”等。游客会寻找自己的名字购买，或者寻找亲朋好友的名字买下来送给他们。

与此相似的是可口可乐的促销。

可口可乐经常举行在塑料瓶的标签上印上各种名字的宣传活动。

例如，从“Yamada”和“Keiko”等比较普遍的名字，到多半出现在冲绳、在全国范围内并不多见的“Higa”“Oshiro”等名字。

人会注意到名字。如果有这样的塑料瓶，大家会去寻找有没有自己的名字或者朋友的名字。

可口可乐在商品中追加了“引人注目的点”。顾客一旦找到带有朋友名字的可乐，会拍照告诉他们，或者买下来在 SNS 上说着“○○，有你的名字哦”向朋友打招呼。

旅游景点的钥匙圈和可口可乐的塑料瓶，两者的共同点是都有“人名”，但也有几点不同之处。

旅游景点的钥匙圈 ⇔ 可口可乐的塑料瓶

游玩时的礼物 ⇔ 日用品

要保存的东西 ⇔ 消耗品

只有去过的人才知道 ⇔ 很多人都知道

这些差异也会影响产生口碑的难易度。

可口可乐是**日用品，购买频率很高**，有很多卖家，比如全国的超市、便利店等，大家每周会买好几次。与之相对，只有景点会卖钥匙圈，而且我们不会买好几次，往往是一生买一次。

可口可乐是消耗品，后期不会留下什么。正因为如此，我们才会**轻易购买**。而钥匙圈会留下，为防止购买失误，我们在购买时会慎重。

可口可乐用带名字的塑料瓶做宣传时，**因为很多人都知道这件事，所以会成为"共同话题"。**旅游景点的钥匙圈不会成为很多人的共同话题，所以很难产生口碑。

这个"共同话题"的视角很重要，很难在个体店里应用。让当地的所有顾客都知道自己店里的宣传活动也是很困难的。可能还要花很多钱做广告。

那么，在共同话题上找一个切入口，会怎么样呢？比如“神签”。可以试着在神签上写上“把这个神签送给名字上带有‘美’的人，彼此都有福气”这句话。因为大家都知道神签，所以容易作为共同话题产生口碑，并有望通过口碑传播开来，比如“美穗，能把这个给你吗？它是我在〇〇店领到的，据说有福气”等。如果对方认为“有福气”，就会很容易接受。

顺便说一下，这里不用“美穗”等具体的名字，而是用“带有‘美’字的人”，是有原因的。因为具体的名字很可能不适用。而在认识的人中应该有几个带有“美”字的人。

另外，在店内贴出几个名字作为“本月的当选名字”，并为符合条件的顾客提供特别服务，这样的宣传活动也很有趣。因为顾客一旦找到朋友的名字就想告诉他。

每个人都重视名字。

这是一个应用名字的开关。在应用名字时，请您要意识到“共同话题”这个问题。

开关 9 您要在商品或促销工具上写上“人名”

题目 在哪里写上名字才更容易让人愿意谈起呢?

10 一定要有的开关！应该为一个人单独花费“一点时间”

我在第1章写过一个发现“这是口碑”的事例，它发生在我的书出版后赠书的时候。我在这里重新探究一下那种做法获得口碑的理由。这个技巧可以应用于各种模式，而且是一定要有的技巧。

我在自己中意的页上贴了个“附笺”寄出去。那么，大家会用什么样的语言来推介（宣传）我的书呢？一大半人会说“特意为我贴上附笺”这句话。这个“特意”是关键。

人会**因别人给自己做点什么而感到高兴**。如果能不被呆板且无异于他人地对待，而是别人**“只为自己”花费时间和精力，会让人感到高兴**。因为这样可以获得一种特别感。

这样一来，接收方的**情绪会高涨起来**，也就产生了口碑三大要素之二的“Hot的心情”。

此外，其中还有三大要素之三的“Item”，就是“书”和“附笺”。

“特意把附笺……”之类的谈资是口碑的三大要素之首。可见三要素非常完备。

我当初根本就没有这样想过。赠书这件事更应该说是我“擅自寄送”的，所以为了尽量不给对方带来负担，我决定在送书时贴上“附笺”。关系再怎么好，他们也不需要自己不感兴趣的书。正因为如此，我的出发点是“即使不读全部内容，只要快速翻阅一下带有附笺的那些页，也就可以了，如果没有兴趣，可以放弃阅读，把书卖给旧书店”。

如果我之前就表现出“希望大家多多宣传”的愿望，恐怕不会得到同样的结果。在其他技巧上也可以这么说。**虽然希望大家多多宣传是商家的愿望，但不能是自私的。如果要求回报，对方会感到厌烦的。**

说到底，我们要做让**“对方高兴”**的事，或者提供让对方**“想说”“说后会带来快乐”**的谈资。

在这个技巧上常见的是餐厅等场所的“欢迎卡（板）”。它是在卡片或彩纸上对已有预约的顾客写下“○○先生/女士，今天感谢光临”等顾客的名字和一句留言，并放在餐桌上的东西。

这是专门对待一位（一组）顾客的处理方法。这个技巧的好处在于它能“为了一位（一组）顾客花费工作时间，从而有种对那个顾客的思念之情”。

因为这个技巧饱含着员工的感情，所以可以让顾客们产生感情。这种感情也会传达给其他顾客，让他们的心情变 Hot。

这个开关是“一定要有”的。

不求回报、以诚相待，顾客的心情会变好，也就很容易产生口碑了。只是有一点需要注意，**希望您不要忘记对周围其他顾客的关怀**。

如果让其他顾客有“为什么只有那位顾客受到特别对待”的疑问，就会让他们感到不快。希望您找到明确的解释理由，比如“因为他是预约的顾客”“因为是他的生日”等。

开关 10 您要为一位（一组）顾客单独花费时间和精力，并做显而易见的准备

题目 什么样的准备会让顾客有特别感呢?

11　更高一级的“单独花费一点时间”是为顾客画肖像画?!

我刚才介绍了“为一个人单独花费时间和精力”的技巧。下面介绍进一步加深该技巧的事例。

刚才的举例是“贴附笺的书”和“欢迎卡”。这些都是为一个人而费心费力的事例，但实际上这些所作所为有时等同于对其他顾客所做的内容。

有没有进一步加深这个技巧，能**完全让顾客理解“只为我一个人”的做法**呢?

有一家店确实在这样做。它就是我在上本书中也写过的美容院 Splash。这是一家顾客只要进入店内就会觉得心情变温暖的美容院。

这家店做了什么呢?因为是美容院，所以逐一给每位顾客理发或做发型是理所当然的。任何一家美容院都会这样做。口碑技巧的要点是“与众不同”，是其他人没有做过的事情或者在其他地方无法得到的体验。从这一点来看，逐一给每位顾客理发，很难产生口碑。

Splash 所做的是**“在纸杯上画肖像画”**（截止到 2014 年 12 月）。顾客在美容室里会度过相当长的时间，所以有想喝东西的时候。商家创造口碑的时机就在这个时候，就是用画有顾客肖像画的纸杯为他们提供饮料。

实际上，我也得到过这样的纸杯。第 62 页的图就是画有我的肖像画的纸杯，这让我很高兴。

Splash 经常为顾客考虑，是一家考虑怎样让顾客高兴的店。据说这个创意来自员工的提议。这家店还做了各种改进。

虽说为每一位顾客画肖像画很花时间，但肖像画原本就是各不相同的。商家会去思考如何为每一位顾客绘画，**是为每一位顾客使用时间和构思**。

实际上，这个纸杯在顾客中大受好评。据说很多人用智能手机拍照留念，甚至还有顾客将纸杯带回去。能让顾客拍照片，也就让他们有了下一步行动（在SNS上扩散的可能性）。

您不觉得这个创意很厉害吗？我觉得一定会有很多人认为这是个好创意。但是，您想过“我们家也试试看”吗？也许99%的人不会这样做。我认为，即使大部分人觉得这个创意不错，也觉得“好厉害”“做到这个地步，应该会受欢迎吧”，但同时认为“我们做起来很难”“做不到”。

正因为如此，它才有价值！

虽然我知道很失礼，但是说起来，Splash并不是很擅长画肖像画。因为他们不是画肖像画的专家。如果真的不擅长画，就需要练习，但如果想做，无论是谁，无论是哪家店，都可以挑战。因为最重要的不是技术，而是用心花费精力。

做不让周围的人觉得麻烦的事情，就是机会。对于想轻松提高营业额的人来说，不适宜用这个技巧。

还有一点，是关于 Splash 的。员工虽然不是肖像画的专家，但从“让顾客高兴”这个意义上来说，他们是“专家中的专家”。

开关 11 **您要在不给顾客添麻烦和其他店没有做过的情况下，为顾客花费时间**

题目 您有过“做的话会受欢迎，但是很麻烦”这样的想法吗？

12 神签会成为“共同话题”，所以能让大家谈起

“我今年可是大吉啊！”

“真好啊，我可是凶兆啊”

“算了，听说今后会凶转吉的”

过年的时候，您经常会听到这样的对话吧。

相互说着年初参拜时抽签的运势，是常见的景象。也有很多人会把神签拍成照片，上传到 SNS 上。**“神签”对日本人来说非常熟悉，而且很多人几乎都在过年的时候体验过，很容易成为共同话题**。

抽签时，大家都会紧张和期待“会有什么运气”。虽然有这种感觉，但**日本人中似乎没有讨厌抽签的人**。之所以这么说，是因为本公司策划制作过“原创神签”作为促销工具，曾用于各种行业的店铺活动。

例如，位于东京都内的休闲美发店——Quick24 在 1 月份的

活动中，制作了店铺原创的神签。让来店的顾客每人抽取一张。因为是 Quick24，所以这种神签被叫作“Quickuji”[①]。这是该店总经理想出来的名字。当天来了很多回头客和口碑客。

有一位顾客中午一个人到店里来，抽完签就走了。几个小时后，这位顾客又带来了三位顾客，总共四个人来到了店里。

这就是当天的回头客，而且带了三个人光顾。他那天和朋友一起喝酒时，把“店里的原创神签”当成了热门话题。神签上附有下次来店时的服务优惠券，所以当天就来了。神签建立了“对话入口”。

神签的运势是“自情”。正因为神签是顾客亲手抽到的东西，是“自情”，所以才想告诉别人。而且，神签是“对方也知道的”“大部分人都很可能经历过，感兴趣”的东西，所以很可能、也很容易成为热门话题。

我参加活动或研讨会时也时常自带这种神签。有很多人会在当天或者第二天拍照片上传到 Facebook。**神签是容易保留的眼见之物，还会成为大家都知道的共同话题，而且能被定制成原创版本，很有趣。**

---

① Quick 是店的名字，kuji 是神签的意思，而 Quickuji 则是这个词发音的组合。——译者注

商家在促销的时候，可以放入“中奖签”，或者附上下次可以使用的优惠券。不过，与其只是简单地劝顾客“请抽签”，不如说“抽签也许能中〇〇”。因为这会让顾客产生“抽签的理由”。附上下次可以使用的优惠券，会促使顾客下次光临。

开关12 您要提供大家容易理解的“共同话题”的促销工具

题目 什么样的促销工具才能成为共同话题呢？

13 要有不被顾客扔掉的理由

我继续讲解上述“原创神签”的话题。

下面介绍一个通过神签建立对话入口从而产生口碑的小故事。说到底，为什么这些顾客会把神签作为话题呢？

在顾客“好像越聊越起劲”的理由之前，还有一个要点。那就是神签会**“留在手边”。**没错，就是没有扔掉。这很重要。

如果被顾客扔掉了，那么它成为话题的概率就会一下子降低。譬如顾客在某家店铺拿到传单，如果不需要就会马上丢到垃圾箱里。那样的话，在成为话题之前，它连让顾客想起来的契机都没有了。因此，让顾客“留在手边”，非常重要（说到底这就是商家的视角）。

那么，神签为什么不被顾客扔掉呢？理由有三个。

第一是神签的**“形状与众不同”**，有异物感。一般店里给顾客的促销工具有 A4、A5 尺寸的传单、宣传册、三折广告单、卡片等，没有神签之类的东西。因为形状和其他的促销工具不一样，顾客就会采取与其他促销工具不一样的理解方式。

第二是顾客**“自己抽的”。**不是被动收到的，而是顾客亲手挑选后抽的。自己主动收到的东西会感到有价值。

第三是**“福气”。**虽说是模仿的神签，但它还是相当于一种福气。不太容易让顾客马虎应对。

留在顾客手里，是为了让他们想起来，以及在顾客为你宣传口碑的过程中让第三者有真实感。这也是很重要的一点。

开关13 您要提供让顾客留在手边、不易扔掉的促销工具

题目 什么样的促销工具才很难让顾客扔掉呢?

14 让顾客成为男（女）主角之后会怎样?

大约在20年前，有一个很受欢迎的电视节目叫“bokyabura天国”。正在阅读本书的很多人都看过吧？节目中设有从观众那里募集素材的专栏。当时我还是高中生，每周都在拼命想素材、去报名。

努力有了效果，我的素材被录用了一次！而那个“bokya天国小坐垫”被送到了家中，我非常兴奋，有种因害羞不想说、但又想说的心情，于是就对亲朋好友们炫耀了一番。之后不久，“bokya天国小坐垫”成为了我引以为傲的资本。

人一旦成为男（女）主角后就想告诉别人。一旦站在盛大的舞台上，就希望别人能看到，让别人知道，并希望得到表扬。商家把顾客作为男（女）主角来对待，会怎么样呢？

umbrella-grow有限公司是一家为美容美发店提供化妆品的制造商，同时致力于支援个体美容美发店的经营活动。它以美容美发店的老板为女主角，创造出了口碑。

umbrella-grow公司从2015年6月开始发行宣传册。我也是从策划阶段就开始参与的，该宣传册每期都经过反复推敲制作而成。其外形采用女性杂志的设计，定位是“美容美发店的个体老板支援册”，并把它送给常来的顾客和潜在的顾客。

发行这个宣传册的目的有以下几个。首先是为了传达 umbrella-grow 公司在认真考虑让美发店生意兴隆的想法；其次是为了在这一点上得到个体美容美发店老板的信任。一家制造商要想被美发店选择，不仅要重视产品的质量，与其他制造商相比，还要一步一步地让美发店的生意兴隆下去，并获得美发店老板的“信任”，这也很重要。umbrella-grow 公司的目的是成为让美发店选择的制造商，同时有增加潜在顾客的目的，即“精心打造女主角”的目的。

在这本宣传册的封面上会刊登生意兴隆的美容美发店老板。在初版宣传册上刊登的是有 40 人等待服务的人气美发店 FINO 的樋口店长。而且，不仅在封面上刊登了她，还在“集客美人 story's”的专栏里对她进行了采访，登载了她从开业到辛辛苦苦做成繁盛店的故事。也就是说，樋口成为了这一期的女主角。

那么，完成这本宣传册后会发生什么呢？当然，umbrella-grow 公司会把宣传册送给自己常来的顾客和潜在的顾客。umbrella-grow 公司还会在自己主办的研讨会等场所进行分发，甚至还通过我来推介。

更值得注意的是，umbrella-grow 公司还有一种分发扩散宣传册的方式。

即，让刊登在封面上的樋口也在她自己的博客或 Facebook 上进行通告。樋口有很多美发业界的朋友，受人尊敬，她的博客会被很多美发店老板看到。

这里是重点。**对 umbrella-grow 公司来说，在博客读者和 Facebook 的关系网中，存在很多潜在的顾客。通过樋口这个值得信赖的人，公司就会被人们所熟知了**。对 umbrella-grow 公司来说，这是个很大的公告。

那么，商家让顾客成为男（女）主角的“隆重舞台”应该是什么样子呢？例如，商家可以在店内贴上大胃王挑战中获胜人的照片，或者发表在店内的新闻简报上，还可以从顾客那里募集“上班族川柳”[①]，然后发表结果，也是一种“隆重舞台”。

---

① 川柳，指由 17 个假名组成的诙谐、讽刺性短诗。——译者注

这个舞台不应该只是单纯地“介绍”顾客，而是应该“只针对被限定的顾客”，即“只针对满足条件的顾客”设立。正因为这些人是被限定的，这个舞台才会成为能得到别人表扬的要素，顾客也就想告诉别人了。

开关 14　**您要让顾客成为男（女）主角，并为他们设立隆重舞台**

题目　把顾客变成男（女）主角的舞台在哪里呢？
另外，什么样的场面才能让顾客成为男（女）主角呢？

15 “为什么去贵店比较好？”

为什么去贵店比较好？

请您用3秒回答这个问题。

怎么样？能回答吗？用3秒时间。

对于这个问题能否马上且具体地回答，是能否产生“等待口碑”的岔路口。

产生口碑的场景大体有两个。第一是顾客经历了某些感动的事情，想亲自说给对方的场景。这是通过打开让顾客心情高涨的开关来制造口碑的，叫作**“进攻口碑”**。我在这之前介绍的技巧全部是“进攻口碑”。

第二是与“进攻口碑”相对的**“等待口碑”**。它是**在谈话中被对方提问时说出来的口碑**，而不是顾客自己主动说出来的，所以叫作“等待口碑”。

在如下时候会产生“等待口碑”。

比如说，当朋友问到“喂，我下次要去大阪，有好吃的店吗”的时候，被问的人会在脑海中想一想，以找到自己的答案：

“说起来，○○店很好。”

被问的人这样回答自己想起来的店，就要对自己所说的话负责任。

因为朋友一定会问：“诶，是家什么样的店？”所以被问的人也必须准备好如何回答，如“○○是一家特别大的店”“据说是大阪最○○的店”等，总之要有推荐那家店的理由。如果没有，只说个店名，是不负责任的表现。

如果通过口碑介绍一家店，就要说出“推荐那家店的理由”“值得去的理由”。所以，如果被问的人在想起贵店的时候，却说不出所以然，就很难产生口碑了。

如果被问的人只是对贵店的店名或商品有模糊的回忆，找不到推荐的理由，那么他就很难向对方说出口。即使告诉了对方店名，听的人也不会觉得“想去”。店名和“推荐的理由”应该是一体的。

另外，下面这种时候也会产生“等待口碑”。

就是在朋友说“下次去大阪玩，好期待”的时候。如果您在大阪有中意的店，就会想说“有时间的话，也可以去○○看看，特别好”。即使不被问，如果是自己喜欢的店，也会想说出来。

人是想让别人认同自己的动物，所以都想说自己经历过的事情。在这种情况下还是需要“推荐的理由”。因为被推荐的人想知道理由。

像这样，“等待口碑”一定需要“推荐的理由”。而且，本章介绍的**建立“对话入口”的口碑开关全部都需要“推荐的理由”。**

如果顾客没有听到“推荐的理由”“值得去的理由”，即使贵店成为热门话题，所产生的口碑也不会招揽到顾客。进一步说，如果您这个经营者都不能瞬间说出理由，那么顾客也不可能说出口。商家一旦建立了对话入口，就需要进行下一步，即告诉别人“值得去的理由”。

首先，商家要事先明确“推荐的理由”“值得去的理由”。您可以试着用“因为是○○，所以推荐”“因为是○○，所以您要去试一试”这些语言。

从结果上来看，顾客所说的内容也许是与商家完全不同的内容，但如果商家很有自信地说出推荐的理由，那么他所传达出来的情况也会有所不同。如果商家有明确的理由，就要想办法传达给顾客。

开关 15 您要把推荐贵店的理由、值得去的理由转化成具体的语言

题目 为什么顾客去贵店比较好呢？

第 3 章

与“来店·购买”直接相连的口碑开关

1 如果能让顾客毫无迟疑地惊呼“哇”……

您还记得本书开头写的三位女性的对话吗？

“哇！真是太大了！”

“呀！太厉害了吧！”

这实际上是我听到的一句话。很明显，这三位女性顾客中有一位已经知道这道菜，剩下的两个人是第一次到店里来。换句话说，是已经来过的一位女性宣传了口碑，邀请朋友过来的。这就产生了让其他人到店里来的口碑了。

这道菜是这家店的招牌菜，而且这家店是通过口碑成为大繁盛店的。

这家店是位于涩谷的叫“焚火家”的烧烤店。

它的招牌菜是“喜马拉雅肉”，就是在桌子的烤网上摆满一大块肉（82页照片）。第一次看到的顾客，在那一瞬间会惊呼一声“哇”。

如果被带过来的人惊呼“哇”，那么邀请他的人会怎么想呢？

肯定会在心里笑眯眯地说一声“你看吧”。因为他已经如愿以偿了。如果像“喜马拉雅肉”那样，尺寸大到让人吃惊，顾

客确实会惊呼一声“哇”。正因为知道这一点，顾客才会用口碑邀请其他人。

这个“喜马拉雅肉”，由于口碑扩散的范围很大，所以也在电视和杂志上出现过很多次。

令我个人特别高兴的是，这个“喜马拉雅肉”是受到我的前著《创造回头客的35个开关》的启发而诞生的。我对此高兴得不得了。它不仅招揽了回头客，还打造了一个很好的口碑，真的了不起。这个“喜马拉雅肉”的冲击力不仅在于它一目了然的大尺寸，还在于它在烤着吃的时候充满乐趣。其惊喜度甚至比拿来那一大块肉时更大。

开关16 **在顾客带朋友去贵店时，您要准备让对方肯定会惊呼“哇”的事项**

题目 为了从外表上给予很大的冲击力，您能做什么呢？另外，顾客会感到惊讶的还有什么呢？

2　把“一般”“理所当然”变成“不可思议”

从埼玉县的春日部站步行几分钟，有一家茶室，名叫“Hanaayu”。我看到朋友把这家店的盥洗室的照片上传到了Facebook上，觉得很不可思议，非常想看看实物，于是就去了。这正是口碑的力量。

这家店对菜单的讲究自不必说，店内的装修和装置也充满了总经理的用心和玩乐之心。其中最受关注的是厕所旁边的洗脸台。请看上面的照片。您明白这和一般的洗脸台有什么不一样吗？

是的，这里的洗脸台没有接水的水盆。从水龙头出来的水就那样落在下面的板子上，然后就消失了。

看了照片，我感到很不可思议，无论如何都想看实物，所以就去了那家店。问了店员和总经理后得知，其他顾客身上好像也发生过同样的事。据说有两个人一起来店里，其中一位顾客去上厕所，回来时兴奋地跟同伴说：

“哇，好厉害！你也来看看厕所的洗脸台！”据说经常出现这种情况。**人一遇到不可思议的东西，就想知道那个不可思议的东西背后的秘密**。

那么，人对什么样的东西会觉得“不可思议”呢？

往往是**在人们认为理所当然的事情被推翻的时候**。

洗脸台一般都是凹陷的，有一个接水的水盆。而且，水一般不会消失。正因为那个“一般”情况被推翻了，人们才有了不可思议的感觉。

就这一点来说，Hanaayu 选择了盥洗室这个舞台是非常令人满意的。如果用和这个同样造型的装饰摆在店面位置，应该不会被人关注到如此地步。

日常生活中被认为理所当然的东西，在顾客的脑海中有着“一般就是这样的东西”的印象。正因为是那样的舞台，这个盥洗室才变成了口碑。

开关 17

您要推翻顾客持有的“一般”“理所当然”的观念，让他们觉得“不可思议”

题目

店内的什么地方有什么样的不可思议现象，会让顾客大吃一惊呢？

3 让人想看的“动作表演”

还是前面提到的春日部的 Hanaayu 的事情。Hanaayu 有一道可以作为“武器”的料理。

下单的顾客很感动，下次会带别的顾客来。这个“武器”很厉害。

它就是“上涌抹茶拿铁”。

玻璃杯中放着绿色的拿铁，端到餐桌上。还有喧腾腾的牛奶。当顾客认为“原来如此，的确有种上涌感啊”的时候，店员会迅速打上一声招呼说：“那么，我给您倒上热的牛奶吧。”然后，店员从大约距离杯子 10 厘米的高度倒入牛奶……

牛奶不停地上涌……

一直溢出到玻璃杯边缘。

“哇，好厉害！”表演看着就很令人愉快。

对体验过的顾客来说，这是一道值得骄傲的料理。他会把其他顾客带过来看这个“上涌感”。据说很多情况下顾客还会对见面的店员说一声“你太棒了”。顾客那种想炫耀的心情，很容易被人理解，就是带人来了之后，看到他们那感动的“哇”的表情。

让他看到，就一定会让他感动。正因为有这个把握，顾客才会把人带过来的。

这道料理最重要的不是“牛奶溢上来”。如果把这个操作在厨房内全部做完，端着溢满牛奶的玻璃杯出来给顾客，怎么样呢？顾客不会有感动。

正因为在顾客的“眼前”表演这种上涌感，才令人感动。

让顾客看到“眼前的变化”这一点很重要。如果您能很好地做到这一点，就能制作出充当“武器”的料理，这是一个通俗易懂的技巧。

但是，希望大家不要搞错，**只是单纯地表演是不行的**。Hanaayu 是一家由创业 40 多年的老字号日本茶店的总经理经营的咖啡店，始终执着于打造质量，让顾客放心。正因为如此，这种表演才会发挥作用。

不过，即使您以“很受顾客欢迎”为理由进行策划，如果不触及本质，只是进行单纯的表演，也可能无法获得想要的促销效果。只有讲究的商品，才会让华丽的表演焕发活力。请您不要忘记这一点。

读到这里，您可能注意到了。

虽然这个“上涌抹茶拿铁”中的牛奶往上涌会让人感觉很不可思议，但仔细想来，其实并不是这样。因为往下倒牛奶自然会增加体积，表面会浮起来。

Hanaayu 最厉害的是，它注意到了这一点。并且，制作了让顾客兴致勃勃的表演方法，这是持续下功夫才产生的方法。

开关 18 您要在顾客的“眼前”改变料理的形式

题目 在贵店里，哪道料理会在顾客眼前发生变化呢？

4　给顾客颁发“证书”，激发他们的自尊心

有一天晚上，上初中的大儿子对我说：

“嘿，爸爸，我好厉害。”

我问他什么事，他说：“我当了图书委员。”然后，他使劲翻找着书包，拿出一张纸给我看。大儿子带着一脸骄傲的表情说：“你看！”那是一张“图书委员证书”。

现在的初中都会发这种东西。我忍不住赞叹了一声：“你太厉害了。”人要是被认可了就会高兴。制作这种证书的目的在于提高人的积极性，而它也可以作为一种口碑工具为我们打开促销技巧。因为**只要出示证书，对方就会称赞你“太厉害了”。**

“证书”是一个简单易行的技巧，它作为引以为豪的材料扩散开来的可能性也很高。请您一定要试试看。

另外，**证书需要条件，难度越高，顾客的感受就越强烈**。比起所有人都能通过的考试，通过难的考试更让人高兴。比起 100 人中有 90 人被认可，100 人中只有 3 个人被认可的情况更有价值。

而且，最重要的是，这个**证书会不会“作为话题传播开来”**。

高考和大家都知道的资格考试会得到声援：“你真厉害啊”“你努力了”“今后要加油哦”，话题也很容易传播开来。

但是，**如果是听也听不懂的证书，就很难引起话题**。

例如，商家自己制作了“烤鸡肉串证书”，且只将其颁发给懂得烤鸡肉串味道的顾客。被认定并得到证书的顾客也许会很高兴，但他即使向朋友炫耀这个证书，对于第一次看到的人来说，也会感到莫名其妙，只会尽最大努力说一声“嗯，你好厉害啊”。

如果这里加入一个所有人都能明白的意义，会怎么样呢？例如“品尝烤鸡肉串二级证书”。这样的话，看到的朋友也容易产生兴趣，会问：“所谓品尝烤鸡肉串，是像品酒一样吗？所谓二级是什么级别？”

如果能预测到这样的话题会扩散，那么得到证书的顾客也会感到有告诉别人的价值，在顾客自豪的同时，就可能传播出去。这一点非常重要。如果发布信息的人只是自我满足，是不会传播出去的。因为他能预测到话题会扩散，才有产生口碑的价值。

为了让它成为话题传播开来，证书的内容最好是"让任何人都明白的认定内容"以及"顾客通过自己的努力和实力才能得到认可的内容"。

另外，让顾客升级的方式，也同样是技巧。

像多次来店里的话，所持的印章卡颜色会改变，成为"优质会员"或"白金会员"等。这也是在认可顾客的努力和行动。

这种证书技巧不仅有口碑效果，还会提高顾客的"身份感"。因为这样会让顾客拥有"我是品尝烤鸡肉串二级哦"等不同于其他顾客的自豪感。这样的顾客会偏袒贵店。

开关 19 您要用证书证明顾客的努力和实力

题目 只有熟知贵店的顾客才能做的事情是什么呢？
您会对什么样的事情做出认定呢？

5 要让顾客想说“可笑的悲剧”

这是一件发生在2014年夏天我自己身上的故事。

《妖怪手表》是一部从幼儿园到小学的孩子们都很喜欢的动画片。我们家上幼儿园的儿子也毫不例外地非常迷恋。

有一天，妖怪手表发售了一款特别商品，所以我们一家很早就起床去电器店排队了。到店时间是4点半左右。是的，是早上4点半。这个时候已经有很多人在排队了。从最前头数的话，我们家大概是第110号。真叫人吃惊。因为我们自信地认为我们“来得相当早”。

后面来的不少顾客将排的这个队拍成了照片。因为很少见到一大清早就排这么长的队。

排了一会儿队，店员过来发号码牌。我们家是第110号，很遗憾没有拿到号码牌。“从早上4点半开始排队，却拿不到……”真叫人吃惊。与其说是不甘心，不如说是惊讶。

之后我怎么办的呢？我把这个小故事告诉了很多人，说：“从早上4点半开始排队，却买不到。”因为这虽然不是一个令人高兴的经历，却成了有点自虐的段子。

我把它称为**“可笑的悲剧”**。

真正的悲剧不会成为段子，但是可笑的悲剧会成为段子。成为“自己经历过的悲剧”却稍微带点自豪感的自虐段子。

让顾客体验“悲剧”是一项非常困难的策划，但是方法还是有的。

例如，上述的**“限定数量”**的方法，虽然是顾客带着期待去买东西，但因为卖光了而没有买到。如果限定数量有充分的意图，顾客就能理解。

另外，还可以让顾客带有游戏性地去体验悲剧。比较容易理解的例子是“俄罗斯章鱼小丸子”。我在卡拉OK店或者在表演娱乐活动的餐饮店就看到过。几个章鱼小丸子中只有一个是辣的。这样一来，场面就会很热闹。商家还可以把尝到辣的人的表情制作成拍照背景图。顾客就会把这种悲剧的体验当作段子告诉别人。

开关20 您要让顾客体会到“可笑的悲剧”

题目 什么样的悲剧能让人发笑呢?

6 “把自身商品化”会产生非同寻常之感

人是想得到别人认可的动物。所以，商家可以提供让顾客“容易得到认可的素材”。本节就介绍这样的技巧。

荣通有限公司销售的“印卷”，就容易让顾客得到别人的认可，它是一款顾客想告诉别人的商品。印卷是“印刷卷筒蛋糕”的缩写，顾名思义，它是可以印花的卷筒蛋糕。顾客**可以把自己拍的照片或者孩子画的插图原封不动地印在卷筒蛋糕上**。这是一款**适合生日或母亲节等活动的商品**。在八王子有实体店，也能在网上邮购。

这种商品送到家里会怎么样？例如，在恋人生日的时候，很多人都会订购印卷做惊喜。看到印有和恋人合照的蛋糕送到自己家，对方会大吃一惊的。因为蛋糕上印有他们自己的照片。拍照留下来，或者直接上传到 SNS 上也是自然而然的了。事实上，很多顾客会上传到博客或推特上。

纪念日的蛋糕通常是在店里买成品，不会在里面放上自己的照片。所以印卷就会成为非同寻常的体验。

这种商品虽然和周围的人没有关系，但购买这种商品的人

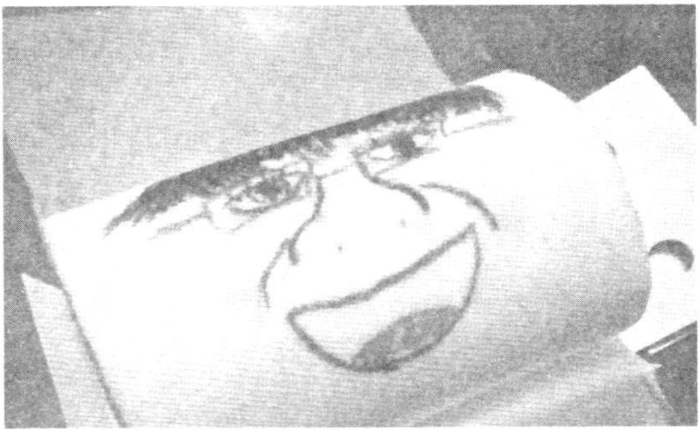

还是想告诉周围人。周围的人看到这种商品会做出什么反应呢？一定会说“好厉害啊”“生日快乐”之类的话。这种口碑的产生就是因为“希望得到认可”。

开关 21　**您要在商品中放入顾客的个人姓名、照片或插图**

题目　什么样的商品，什么样的场所能放入顾客的信息呢？

7 “什么？可以吗？”人们都想挑战禁忌

“嘿，千万不要对任何人说啊！”

“嗯，我知道了。”

“你保证，绝对保密。”

遗憾的是，这种约定是注定要被打破的。其内容越是秘密，人越想告诉别人。如果您“彩票中奖了”走漏了风声，第二天可能会有人叫嚷着说“请客、请客”的吧。

另外，您有过这样的经历吧？学生时代，到了学校，去朋友的座位聊天，朋友会突然把笔记本合上，放到抽屉里了。即使问他“你在写什么”，他也会岔开话题。

您不想看里面写的什么吗？如果教室里没有人，你不会打开他的抽屉瞄上一眼吗？因为它是被藏起来的。

《仙鹤报恩》的故事也是一样。说好不能看的，却还是想看仙鹤到底在做什么。人都**想挑战禁忌去偷看东西**。“挑战”一词的含义是**“在做好精神准备的前提下执意去做危险和困难的事**

情”。人对这样的事没有低抗力。

实际上挑战这些禁忌得到的信息，以及挑战了禁忌的事实，会成为口碑告诉别人。

有一种牛奶是我本人在报纸的报道中读到的，我对它很感兴趣，无论如何都想喝。拿到之后，我就把那种牛奶告诉了好几个人。听我说后，朋友也马上去买了。这样就进一步扩大了口碑。

其实这个牛奶就是“挑战禁忌”的牛奶。

它是NAKAHORA牧场生产的牛奶，来自在岩手县的山里放牧的奶牛。虽然是十分讲究的牛奶，但谈资的重点不在这里。

为了购买这种牛奶，我去了银座的店铺。但是，当看到店里摆放着的牛奶后，我感到迷茫。看了牛奶上的标签，保质期到后天或者三天后。

我问店员：“上架的牛奶是旧的吗？”店员回答说：“保质期就是很短。”真是令人意外的答案。

店员告诉我：“如您所说，非均质低温杀菌牛奶的保质期很短，而该牧场的牛奶是低温制成的，所以从保质期的最后一天算起，口味会越来越好，甚至有人说保质期后的第3～7天最好喝。”

我大吃一惊，**“保质期过后才好喝”**，最好过了保质期再喝，这完全出乎我的意料。

我们**有一个基本概念叫作“在保质期内食用”，所以过期后食用打破了这个概念**。也就是挑战禁忌。

[顺便说一下，NAKAHORA 牧场的主页上有注意事项：“保质期上的规定是‘最好在保质期内出售’，而并非是‘超过标示日期不能饮用’，不过如果闻到臭味，请不要再饮用。”（截止到 2015 年 5 月）]

我实际品尝过，并告诉了好几个人。而且据我所知，这一连锁反应还有所扩大。挑战禁忌从某种意义上说就是冒险。人在冒险的时候会想告诉别人。因为这样会被别人说“你真了不起”。

但是，您在实施“挑战禁忌”促销时，请确保顾客的安全。重要的是让顾客把认为“理所当然”“常识”“不能做”的事项变成“能做”。消除压力的摔盘子等活动也是挑战禁忌的开关。

开关 22 您要让顾客去挑战他认为“不能做”的禁忌

题目 下什么样的功夫，开发什么样的活动，能让顾客去挑战禁忌呢?

8 一旦比普通价格高出5倍，顾客就会在意理由

前面提到的“NAKAHORA牧场”的牛奶还有一个作为口碑的谈资。那就是价格。

通常在超市卖的牛奶是每1000毫升200日元左右。NAKAHORA牧场的牛奶比这个量少，但比这个贵。多贵呢？

2倍？不，还差得远呢。

3倍？不，再多一点。

一个720毫升的瓶子，1188日元（含税，2015年6月）。换算成1000毫升的话，是1650日元，价格大约是普通牛奶的8倍，非常贵。

这也是作为口碑的谈资。

“我喝了一瓶1000日元以上的牛奶哦。”（人在说话时，比起详细的数字来，更注重印象，所以数字会变得模糊起来）

听到的人就想知道原因。如果这个价格比平常增加两成左右，人就会不由得去想“它大概有什么高级的吧”，而不会特意

去问理由。但是，如果价格是平常的8倍，人们就会很在意，会认为里面可能有我们平时无法想象的东西，所以就想问明原因。

一旦出现这个问题，对商品就有很好的影响。之所以这么说，是因为**接下来的对话就会变成与商品的讲究有关的内容**。

顾客就会把“这种牛奶是岩手深山里放牧的牛产的”等自己知道的知识说出来。而且，如果听的人很信服地说一声“原来如此”，就等于增加了一个潜在顾客。

除此之外，我还买过一瓶400日元的塑料瓶装茶。它放在便利店150日元茶的旁边。这同样会成为谈资。

说句题外话，这些商品虽然特别贵，但价格毕竟只是1188日元或400日元，和在高级餐厅卖好几万日元的商品是不一样的。与同一类别商品相比，它们的价格虽然特别高，但也没有超过我们平时的购买能力范围。

1188日元这个价格，是在街上有装潢的咖啡店吃个午饭的价格，400日元这个价格和居酒屋一杯啤酒的价格相当。即使人们兴趣不大，也会用这个金额购买，而不会被逼得走投无路。

口碑产生在顾客真实体验的基础上，才会有强大的威力，

才会有说服力，所以价格要设定成能让顾客轻松体验到的价格，这是重要的一点。

您在店里应用这个技巧的时候，**请试一试把原本价格适中的商品，设定成5倍以上的价格等级**。并且在顾客问“为什么是这个价格”“为什么这么贵”的时候，请您确保给出能让顾客信服的理由和质量。

比如，设定“每瓶3000日元啤酒”会怎么样？我想同时在几个店里一起做这样的活动，会很有趣。因为各家店必须想办法增加附加价值，并从这个办法中产生今后做生意的启发。

开关 23 您要制作超贵的商品

题目 您有即使价格翻了5倍也能让顾客轻松买到手的商品吗？

9　您还记得几个月前的事情吗？

特别开心的趣事也会成为口碑的素材。这是我自己的故事。我在东京都内有事找人商量，顺便吃午饭，于是就去了六本木的一家餐厅。吃完饭后，店里的人来收拾餐具。其中有一位男店员向我打招呼说：

“请问，您是真喜屋先生吧？感谢您今天光临。”并向我免费提供了咖啡。

其实，我与这位男店员只见过一次面。几个月前，我参加了某餐饮企业的公司内部促销研修会，他也参加了。当时我们应该没有说过话，不过他好像记得我。我知道那家餐厅是来参加研修的，但是因为我没有预约，他应该没料到我会去。

明明是几个月前的事，他却记得我，还找到了我，甚至还跟我打招呼。我完全没有料到，所以非常高兴。

肯定也有和我有类似体验的人吧？

明明只是很久以前去过一次的店，却能被店员记得。这对顾客来说是非常高兴的事情。我很高兴，就把这个感动告诉了好几个人："真是了不起的人啊。明明只是在几个月前见过一次，他却还记得我。"

如果我是那家店的常客，与他们很熟，就不会产生口碑。因为在那种情况下，记住我是理所当然的，如果记不起来，反倒招致我的不满。

但是，只去过一次的店，而且是在很久以前的事情，我就不会料想到"被记住"了。正因为如此，店员记得我的时候，我感动得不得了。

这种口碑没有传达与商品相关的内容，没有出现"好吃""原材料新鲜"之类的话题。这都没有关系，因为它传达出了店员的优秀形象。**如果有提供如此出色服务的店员，就会传达出一个"令人信赖"的信息：肯定是一家不错的店。**扩大信赖，也是口碑的本质部分。如果顾客在某个重要时刻留下"这家店没问题"的记忆，就是非常成功的。

另外，从其他角度来看，这种口碑的素材也很有效。第 6 章将介绍"对通过口碑招揽顾客来说超级重要的 8 个记忆"，其中一节是"待客的好印象"。这个技巧就相当于那一节。

开关24 您要记得很久之前到店里来的顾客，并让他知道

题目 怎样打招呼才能让对方知道自己记得他呢?

10 远远超过预想的“讲究”会产生一种身份感

每当我把在第 2 章中提到的炭火烤鸡肉串店“小铁”告诉别人的时候，都用固定的范式，即“在烤鸡腿肉串中，第一口肉（串尖的肉）和第三口肉（串上靠近手边的肉）的部位是不同的”。虽说都是“鸡腿肉”，但腿根的部分和靠近脚尖的部分，味道略有不同。因此，如果有意识地把最先吃掉的部分和最后放进嘴里的部分按顺序串起来，顾客更能尽情享受一串鸡肉的味道。

如此讲究，是不是很厉害呢？

我一开始不知道这些，但听到商家这么讲以后就忘不了了，变得非常有意识，甚至还多次告诉别人。明明不关自己的事，但简直就像在炫耀自己的孩子一样。

我为什么会这么说，是因为我**知道超出预想的讲究，对“自己在如此讲究的店里吃饭”感到一种身份感**。

商家单纯地传达“讲究”“严选素材”，不会产生这样的口碑。**只有远远超出顾客预想的讲究，才会让他们愿意告诉别人**。

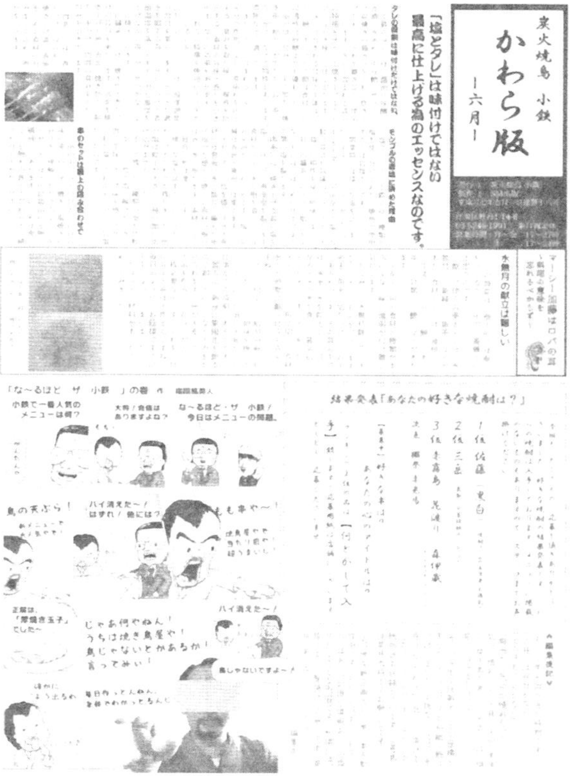
炭火焼鳥 小鉄

かわら版

ー六月ー

「塩とタレ」は味付けではなく最高に仕上げる為のエッセンスなのです。

マーシー加藤はロバの耳

水無月の献立は難しい

「な～るほど ザ 小鉄 」の巻

結果発表「あなたの好きな焼酎は？」

1位 佐藤（黒白）

2位 三岳

3位 赤霧島

这是揭开口碑本质的技巧。希望您好好考虑一下，创造出自己或自家店的风格。

那么，该如何将“讲究”传达给顾客呢？即使店主说“我们是这么讲究的”，听上去也像是自吹自擂。自以为豪的信息很难成为口碑。**还是从别的顾客那里听来，或者由店员来传达**

“我们的骄傲”比较好。

本来，这种信息最好是能够传到顾客的耳朵里。但这样一来可能很难很好地传达出去。需要店员具有较高的交流能力。

顺便说一下“小铁”是怎样传达这种信息的。他们每月都会制作一本名为“KAWARA 版”的报纸，在其中的报道和漫画中，向大家传达他们的讲究（这些漫画暂且由我每月负责）。

开关 25 您要传达出远超顾客意料的讲究

题目 您到底对什么讲究呢？

11 想要的东西就在这里！想用善意来告诉顾客的交流会

您不觉得磁铁很不可思议吗？S极接近S极，会互相排斥而分离，S极接近N极则会形成完全不同的动态。分开的时候什么反应都没有，但一点点靠近，就会在某个瞬间突然被吸在一起。

这个现象让我想起了一个口碑开关。

有一个主要由司法代书人桐谷淳一和藤原香奈举办的交流会。主办方是在横滨举办过晚会和活动的横滨 bay-circle 公司。这个交流会是从事"代书人行业"的同人们用于交流的"代书人行业交流会"。2015年1月第一次举办，当初规定人数是30人，但是来的人数远远超过规定的人数。

这个交流会是怎样把人聚到一起的呢？

首先，主办人邀请朋友参加。然后，参加的人聚集起来后，口口相传开来。据说模式是"我的朋友中有人想参加，可以吗？"参加的人随之就增多了。

参加的人大多是被称为从事“代书人行业”的人士。有行政代书人、司法代书人、税务师、代理人等。因为**这个行业很重视横向联系，在仅靠自己无法应对的情况下，通过与更精通相关法律的专家联系，工作才能顺利进行下去**。虽然行业之间需要联系，但到现在为止几乎还没有与之相关的场所供他们交流使用（或许也有地域性的原因）。

这个交流会不是派对，也没有酒。交流会非常简单，没有研讨环节，只是参加人之间进行交流。

另外，这个交流会与不同行业之间的交流会有很大不同。所谓“不同行业之间的交流会”，似乎多是希望推销自己公司或扩大销路的人来参加的（虽然可能引起误解，但这的确是我自己多次参加后的感想）。一般情况下，我们不知道谁会来，所以参加的目的不在于对方，而是为了展示“自己的优势”。

与之相对，这个“代书人行业交流会”，**参加的人都是从事相同工作的人，希望互相建立合作关系**。其出发点不是扩大销路，而是为需要的人提供场地。

在这个交流会上传播开来的口碑，始终是出于**“善意”。介绍给别人是因为附近有和自己一样正在寻求联系的人，是因为自己认为介绍后一定能帮得上对方**。这是一种善意的传播。

带着某些问题，同时有着“想建立联系”的共同需求的人们，一旦找到了接近的机会，就会像磁铁的S极和N极一样迅速紧贴在一起。找到或制造出这样的“场地”就是这个口碑开关。

商家很难在店里应用这个技巧吧？

如果您这么想，那是因为您只想成为被别人邀请的成员。那么换个角度，如果您变成提供场地（会场）的人，会怎么样？如果您能租借场地作为这样的会议的活动会场，或者与主办方一起调集参加的人，这样的会议预计会定期举办起来，还有望定期被一些团体使用。

开关26 **您要为有“想建立联系”这一共同需求的人们提供他们聚在一起的场地**

题目 互相“想建立联系”的人，是什么样的人呢？

第 4 章

通过“机制”扩大口碑的开关

1 禁止?!“连环信”方式

本书是一本介绍口碑的书，所以不能不触及它。

它就是连环信①。

您知道吗？收到这种信后，如果不在指定日期内给多个人发送同样的内容，就会倒霉。现在好像依然存在这种连环信。

“连环信”虽然在内容和使用方法上不好，但作为经人传播的东西，也可以被理解为是口碑的一种。这里依然存在口碑技巧。

顺便说一下，活用这一技巧的案例，最有名的是2014年夏天在全世界蔓延的“ALS冰桶挑战”。

连环信与冰桶挑战相比，虽然人们对待的感情不一样，但机制是一样的。

① 连环信：是一种含有引诱收信者复制信息再传予其他人的信息。连环信通常使用的策略包括煽情内容、层压式推销，甚至恐吓收信人，若不依从信中内容就会带来厄运、疾病甚至死亡。——译者注

两个都是**“指名”下一个人**。连环信通过寄信指名下一个人，冰桶挑战在浇冰水的视频中指名下一个人。被指名的人要判断是否继续下去，但从结果来说，它扩散了，所以我现在在这里举出这个事例，相信任何人都知道我在说什么。

在心理活动方面，两者是不同的。连环信煽动了“恐惧心”。自己停下来，也许会在身边发生不幸。所以会抱着罪恶感向下一个人寄信（请不要模仿这种做法）。

冰桶挑战稍有不同（我不能断言“完全不同”，内心有愧）。冰桶挑战是一边募集捐款，一边让世人了解存在这种疾病。因为是募捐，所以人们对待的感情是“善意”的。不过，虽然我认为参加的人一定是善意的，但也可能**有很多恐吓或者社会上的强制力**在起作用。之所以这样说，是因为在很多人都会看到的公开视频中被指名后，如果被指名的人不采取某种动作会觉得难为情。

这里先不要谈对这个计划的赞成与反对的意见。事实是，**正因为有赞成与反对两种声音，它才会扩散开**。有了赞成与反对的意见，就会展开无休止的辩论，就会被多次提及。说到底，从口碑的角度来看，多次辩论有着正面的效果。

这样看的话，富士电视台的长寿节目“笑一笑也不错！”中的“电话响了”也是一种同样的技巧。节目中由嘉宾介绍朋友，邀请下一位嘉宾（“邀请朋友”的形式后来变了）。

因为这是节目的策划，所以一定有介绍下一个人的强制力，模式和连环信、冰桶挑战一样，要指名下一个人。

要想创造口碑的开关，和对方形成“共同的话题”是重要因素。您在店里做和“电话响了”一样的事情，难度很高。但是，“指名对方”这个技巧有可能成为强有力的促销方案，所以我想请您先放在脑海中。

要是我的话，应该会考虑这样的应对方案。

把准备好的一张卡片交给顾客。在这个卡片上写上这样的内容：“两个人一起做的话，身心就会变得轻松起来。这是秘密的伸展方法”“是让○○人开心的○○”。我不想强制顾客指名下一位顾客（如果按照策划让顾客顺利完成，那就可以了），也不想煽动顾客的恐惧心。所以，我传达的是**两个人一起做会有效果、会快乐的信息**。这也是我想让顾客邀请下一个人（一起做的人）的做法，所以具有和指名的技巧相同的机制。

开 关 27 您要邀请顾客“指名下一个人”

题目 什么事情容易让顾客想到下一个人（邀请的人）呢？什么事情会成为邀请的理由呢？

2 自动交给潜在顾客的东西

在横滨市港南区，有一家**专注于某行业的传单制作**并通过口碑而广为人知的公司。它是内田奈津子总经理主管的 Rise Search 有限公司。

这家公司专注的行业非常狭窄，只针对演奏家行业。

内田总经理原本想成为歌剧歌手，所以才注意到了这个行业。她建立了“演奏会传单店”的网站，兴办的事业专注于制作音乐会的传单。这样做之后，她在 7 年内制作了 3000 多种传单。恕我直言，Rise Search 不是一家大公司，除总经理外，只有几名员工。该公司每年接受并制作 500 份订单，很了不起。

虽然订单这么多，但该公司没有特别引人注目的广告。主要通过口碑宣传。这里依然隐藏了口碑开关。

据说演奏家行业其实很窄，各自之间的联系都非常紧密。和初次见面的人交谈后会发现彼此有很多共同的朋友。这意味着什么呢？**有相同需求的人之间有联系，所以口碑非常容易扩散**。

内田总经理制作传单的对象正是这些人，而这才是最棒的。

演奏家一有音乐会就要制作传单。做好后会怎么办呢？当然是散发传单来招揽顾客。首先是散发给自己亲近的人，然后散发给自己熟识的演奏家。发给演奏家是为了请他们来做顾客。**演奏家们既是同行，也是顾客**。的确如此。

他们是内田总经理的目标。

散发传单的对象分为"一般顾客"和"演奏家"，其用意是完全不同的。对演奏家来说，这两者都是潜在顾客，可能没有太大差别。但从 Rise Search 的角度来看，是完全不同的。您知道有什么不同吗？

在 Rise Search 看来，比起"一般顾客"来，把传单散发给演奏家更有价值。因为对 Rise Search 来说，得到传单的演奏家是自己的下一位候补顾客。

也就是说，一旦制作了传单，就相当于自动把传单传到了下一位候补顾客那里。这是一种自动扩散的经营模式。

传单制作得越多，就越能自动向潜在顾客传播开来。内田总经理找到了这个市场，也就有了3000种传单这个数字。

您怎么在店里应用这个技巧呢？

顾客的朋友中，有很多相似类型的人。到店里来并很喜欢贵店的顾客周边，很可能存在喜欢贵店的其他顾客。考虑到这一点，该技巧应用起来是完全有可能的。

我是这么应用的。

例如，向在店里购物的顾客，送一些小礼物，并在上面贴上“给能吃辣的人”或“给最近○○的人”之类的标签。这样一来，收到礼物的顾客如果自己需要这个礼物，就会留下自己使用，否则就会考虑送给别人充当礼物。

重点是**将对象具体化为“给○○的人”。**这样一来，收到礼物的顾客就可以想象得出“这也许给○○比较好”。如果不具体写出对象，即使作为“礼物”送出去，也很难给人留下深刻印象。让对方容易产生印象这一点很重要。这样就会传达给潜在顾客。

开关 28 您要提供能让顾客自动交给潜在顾客的促销工具

题目 您的促销工具想让顾客交给什么样的人呢?

3 如果商品中隐藏着“炫耀的素材”呢？

在刚才“演奏会传单店”通过口碑宣传的背景下，还隐藏着一个更重要的开关。它的难度比较大，如果您不绞尽脑汁很难想到，但是如果您做得好，它就会自然而然地成为顾客能自动说出贵店魅力的技巧。

所谓“信息”，只是扩散并没有什么意义。**如果不是顾客“想使用的信息”，那么它就没有力量**。只有把“为什么那家店和它的服务比较好呢”之类的魅力和选择的理由一起宣传出去，才会成为更加强有力的口碑。

让我们来看看“演奏会传单店”制作的传单（124 页图片）。

传单既漂亮又有气氛。不只是漂亮，这里面还隐藏着一个口碑开关。我们来想象一下演奏家将这个传单交给其他演奏家时的对话。

“下次我要举办钢琴独奏会。请一定光临。”把传单交给对方。

“哦，不错的传单啊。”

"谢谢。正如标题所示，有一种超越时空的印象。演奏从现代到过去的曲子。把白色和彩色组合起来，还加入了现代复苏的巴赫。"

"哦，原来如此。好厉害啊。这个传单是在哪里制作的？"

也许会是这样的对话，听起来可能不觉得有什么了不起的。

但是，在这么短的对话中加入了传达“演奏会传单店”魅力的要素。包含着增加下一位顾客的可能性的内容。

据说制作传单的一方会在交货的时候向演奏家认真传达其用意。正因为如此，演奏家才可以在散发传单时进行解释。更应该说，一有人问设计的用意，演奏家就想对别人进行说明。其中**也会有演奏家所说的“您为我展现了自己”的喜悦**。**对话满足了演奏家希望得到别人认可的欲望**。

那么，听了这个故事的人会感觉如何呢?

应该有不少人会羡慕地认为“真是充满用意啊”。所以就想问一下是在哪个公司制作的。那么如果在这么短的对话中没有提到“设计的用意”，会怎么样呢?虽然认为设计得很漂亮，但没有理由去特意问一下制作公司吧。因为制作漂亮传单的公司有的是。

正因为隐藏了散发传单的一方（演奏家）“想说的素材”，它才会自动成为话题，才会传达出服务的魅力和选择的理由。

顺便说一下，“演奏会传单店”在特定时机下受到特定地区的委托的情况比较多。一旦在秋田有了委托，就会继续从秋田得到几起委托。我们由此可以得知，传单是通过演奏家散发出去，并通过口碑传播开来的。

如果您能很好地使用这个口碑技巧，那么它是很有威力的，但难度也很大。请您在挑战其他技巧的同时，仔细想一想办法。

开关29 **您要将顾客想炫耀的素材隐藏在商品中（内容要传达出自己公司的魅力）**

题目 传达什么内容，会成为潜在顾客选择的理由呢？

4　一旦“重复”，人会怎么办?

我在上小学的时候，很流行“圣魔大战贴纸”。它是一种贴在“圣魔大战巧克力”甜点上的人物贴纸。我听到“○○的超市星期三要进货”的消息时，就会和朋友一起去买。店里摆放着很多圣魔大战巧克力，但每个人最多只能买 3 个。当我打开好不容易买到的贵重的圣魔大巧克力包装，看到贴纸时，心跳不已。看到“魔鬼贴纸”就很丧气，看到“护身贴纸”还说得过去，看到“天使贴纸”很是高兴。而闪闪发光的“首领贴纸”则令人振奋不已。

其中最丧气的贴纸是“重复”，因为这样的话就要把已经拥有的人物贴纸拿出来给别人。这种情况下该怎么办? **自己不需要，所以要么和朋友交换，要么作为礼物送给别人**(大家没有这样做过吗)。

让我们想一想能否把这个行为置换成口碑呢?

在第 2 章第 7 节中介绍的炭火烤鸡肉串“小铁”找零 100 日元纸币的事例中，也出现了与此相同的现象。在找零时给每一位顾客一张100日元的纸币。如果这位顾客再次光临，会怎么样呢？另外，如果顾客没有使用最初领取的100日元纸币，那么顾客的钱包里就会有2张100日元的纸币。也就意味着**“重复”**了。

100日元的纸币是一种怀念之物，很容易产生口碑。给别人看的时候，如果被别人羡慕地说一声“真好啊”，有的顾客会把它作为礼物送给别人。当然，此时就会形成“从哪家店拿到的”“是叫小铁的烤鸡肉串店哦”之类的对话。

换言之，如果出现了“重复”，不仅是语言，连Item本身也有可能送给别人。

东京都内的休闲美发店——Quick24也以同样的机制打开了口碑开关。

Quick24在开设新课程时，发放的券会产生“重复”。他们给在新课程开始期间使用券的顾客，赠送了下次也能以特别优惠的价格使用的券。

在这里，向顾客赠送券的数量很重要。不是1张，而是5张为1套。把5张券装入一个小袋子中送给顾客。券的有效期约为1个半月。**以每周1次左右的速度使用的话，在有效期内就可以用完，但多数情况下，一个人用不完，会有剩余**。这些券没有特意限制哪些顾客可以使用。上面**写着“任何人都可以**

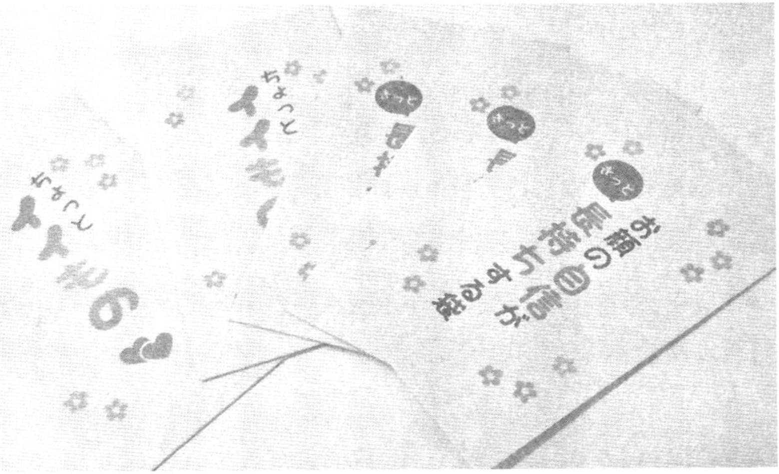

使用”。那么接下来发生了什么呢？

就有完全陌生的顾客到店里来使用这种券。并不是任何人都能弄到这种券，**只有曾经来过的顾客才能拿到**。那么这些新顾客是如何拿到的呢？是口碑的效应。一般认为是已经来过的顾客把券送给了他们。而且，有很多新顾客拿着这种券到店里来。

“重复”之物会通过口碑将 Item 本身交到他人手中。

但是，目前的情况是，不管什么事情，只要让它“重复”就可以了吗？其实不然。**顾客通过口碑把 Item 送给他人的理由需要有“自己体验过”“送给这个人，他一定很高兴”这些点。**

只有能让自己感动的好商品，能确信对方会喜欢的好服务，

“重复”才会发挥作用。请您不要忘记这一点。

此外，这个技巧中还有一点非常重要。

它就是“特别感”。**只有来那家店的顾客才能得到 Item，只有满足特殊条件的顾客才能得到 Item**。这种“特别的 Item”才有价值，才会产生口碑。**没有人会觉得任何人都能得到的东西是有价值的**。

开关 30 您要将有特别感的 Item 重复送出去

题目 什么样的 Item 能让人感受到特别的价值呢？

5 商家相互合作，会让对方也自动宣传给他的朋友

在面向会员的新闻简报中，假设您的目标顾客有200名。这些顾客多次到贵店里来，是回头客。您和顾客之间也建立了信赖关系，如果向他们通知某种宣传活动或新商品，他们会积极地来店消费。

如果您写一篇新闻简报向这些顾客推荐您附近的店铺提供的推荐料理，会怎么样呢？如果是总期待着阅读您新闻简报的顾客，也一定会读到您写的那篇报道。还有，如果他们想体验一下那个推荐料理，就会去那家店体验一番吧。而且，他们再次到贵店来的时候，可能会向您报告说："店长，我去了您在新闻简报上推荐的店哟！"

这实际上是我身边的店里发生的事。**值得信赖的人发布的信息果然会让人毫无疑问地接受**。

我之前是从新闻简报发行人的角度进行考虑的，如果从被介绍的一方的角度来看，会怎么样呢？**您可以通过别人的信赖或媒体来通知自己店的情况**。

这应该是很难得的事情。那么，相互介绍会如何呢？

您可以在新闻简报等各自店的媒体上，采用新闻报道的形式互相介绍。但希望大家注意，有些写法，可能被视为是有意宣传（互相介绍的时候，要真实地写出您认为真正有魅力的地方）。

因此，我推荐商家采用**合作策划**的方式。

两三家店联合策划活动，并将其登载在各自店的新闻简报等媒体上宣传。例如，“○○町的三家店联合策划排骨宣传活动。您喜欢哪家的肉？”等。这样一来，就能顺利在所有店铺同时进行宣传。

商家这样就能直接将信息传达给各自有信赖关系的顾客。也就是说，参与合作的商家**可以将信息宣传给和自家店没有直接联系的顾客**。

顺便说一下，我们公司最近也在采用合作方式。

在一家向餐饮店批发茶叶的叶药有限公司的新闻简报中，刊登了我们公司的策划（133页照片）。叶药公司的主要客户是餐饮店，我们公司的客户也多是餐饮店，所以**顾客层是重叠的**。而且，我们公司拥有很多促销的素材和技巧。这对于叶药公司的客户餐饮店来说，也是很有效的信息。

美味しいお茶を通して、お店をサポートします！
茶肆 YORAKU 葉楽
葉楽新聞
2015年の「ダージリン1St」は
キャッスルトン茶園の茶葉を取扱い中！
葉楽新聞
販促の専門家が“こっそり”教える！
店内販促のコツ。
POPの注目は
吹き出し＆セリフで
アップすべし！
なぜ？
営業担当 奈良の
『今月のグルメ』
教えて下さい
【Q】葉楽の営業担当が○○を
教えてくれたらうれしいですか？
お茶クイズの
答えは…
一芯二葉

因此，叶药公司的一部分新闻简报是由我们公司负责的。我们也可以借此让不认识我们公司的客户了解到我们的情况。

合作后，商家可以通过对方的信赖关系来宣传自己的店铺。而发布信息的地方既可以是新闻简报，也可以是店内分发的传单。

商家能和附近的店铺合作吗？什么样的策划容易做到彼此宣传呢？请您务必想一想。如果能在这一点上达成一致，信息确实会得到传播。这不是靠“运气”，而是一种确凿无疑的方法，所以希望您一定研讨一下这个技巧。

开关31 **您要与附近的店铺合作互相发送信息**

题目 和哪家店一起进行什么样的策划，比较容易产生合作关系呢？

6　要为定期发布信息的媒体提供素材

现在是很多人都可以使用自媒体发布信息的时代。很多人都在使用博客、Facebook、Instagram 等，其中也有定期发布信息的人。

例如，被称为 Youtuber 的人会在 Youtube 账号上公开很多视频，并且拥有自己的粉丝（账号关注人）。还有定期更新美食博客的人，以及期待这种更新的人。换句话说，即使是自媒体，也往往拥有粉丝。

自己的店能不能成为拥有这种粉丝的人发布信息的素材呢？如果能，就会一下子让很多人知道贵店。

说一件我自己的事，我介绍过几次发布商务视频的 Youtube 用户 Kimiaki 老师。他的账号（Kimiaki 老师的创业醉话）上有 1 万多粉丝（截止到 2015 年 8 月），很受中小企业经营者的欢迎。

他在里面提到我的内容有 1000 次的播放量。也就是说，这成为让 1000 人了解我的机会。实际上，视频上传后，就有人立刻向我进行了咨询。更值得庆幸的是，这个信息之后也一直保留着。实际上还有人看了 Kimiaki 老师在大约两年前上传的我的视频后，向我们公司进行咨询。我在此感激不尽。

另外，在我的朋友中也有人在做播客。可以说播客是音声版的 Youtuber，将音声节目上传到网络上，是一种个人也能制作的广播节目。

那位朋友就是“超变班有限公司”的西泽一浩总经理。他也经营着一档以商业为主题的广播节目，名字叫“笑脸商人”。节目中既有西泽总经理一个人讲述的情况，也有邀请嘉宾问询技巧的情况。我也曾经作为嘉宾参加过他的节目。

这个节目的听众当然不是我的朋友，而是超变班的听众。我感谢各位的倾听。实际上，在那期节目播放一年多后，在某次活动上见到的一位参加者对我说：“我听过那次播客。”对此，我还是很高兴的。

像这样，**制作成一套节目并定期更新的人，一定在寻找素材**。如果您能成为其中的素材，就能传播到他的粉丝那里。但要注意的是，素材不是自我宣传，而是对对方有用的信息。

开关32 您要为定期发送信息的媒体人提供素材

题目 您身边发送信息的人是以什么为主题的呢？

7 “原创曲奇”和“新闻简报”的共同点

以下两个促销工具有一些共同点，您知道是什么吗？

①原创曲奇

②新闻简报

①是在发行我的前著《创造回头客的 35 个开关》时，为那本书的口碑促销制作的原创曲奇；②是我每月发行的新闻简报。这两者都是我亲自尝试过的。这两者有什么共同点呢？

首先，两者都是原创。

但这不是我在本节中要说的重点。重点是这两者有可以应用于口碑开关的共同点。我接下来说明一下这两者是如何成为口碑的吧。

首先说一说原创曲奇。它是我在发行书时用到的促销工具，我把我手写的文字印在曲奇上，然后把它放在一个小袋子里。

关键是这个曲奇的使用方法。我制作的曲奇不是我自己吃的，而是为了让出版社使用的。目的是什么呢？这一点很重要。

书籍由出版社的业务员跑书店去销售。但这里有一个很大的障碍。就是说，业务员“在跑书店时，有时候找不到话题”。业务员跑书店的时候，因为书店正在营业，店员很忙。这样一来，业务员能与店员交谈的时间非常短，所以业务员只能从优先考虑的书开始介绍，所以有可能谈不到我的著作。虽然是我和编辑一起精心制作的书，业务员却谈不到。作为作者，我真心希望业务员至少能简单介绍一下我的书，于是就出现了曲奇。

我把我制作的曲奇送给出版社的业务员，请他带到书店去。书店的店员拿到我制作的曲奇，会有什么反应呢？

会想“这是什么”吧。这样一来，我就如愿以偿了。如果业务员与店员能形成“是这本书的作者制作的曲奇”的对话，那么**一定会成为话题**，也就会介绍到我的新书。至于实际上是否订购我的书，则取决于书店的判断了。不过，我的目的是先为书店提供判断是否订购我的书的平台。

从业务员的角度来看，因为要带的东西增多了，可能会对他们造成麻烦，不过他们还是很爽快地接受了我制作的曲奇。我相信，我的书在发售一个月内就决定增印，这也是这个曲奇的效果。

还有一点是关于新闻简报的。

141 页的图是我们公司每月发行的新闻简报，分发的对象是我们公司的常来顾客和商业合作伙伴。

其实原则上这个新闻简报是印刷好后分发出去的，但也在我们公司的主页上公开，任何人都可以从网站上下载数据。我们不仅把新闻简报转化成 PDF，还处理成 PPT 格式，供用户下载原始数据（截止到 2015 年 8 月）。如果我们根据用户的要求把它制作出一个模板，用户也可以将它用在自己的新闻简报上。感谢大家的支持，到目前为止，这些数据总共被下载了 500 件以上。

在大家使用这些数据的过程中，有的公司用的是由我直接发送的新闻简报数据。他们就是东京都内的会计事务所，我会把我们公司的新闻简报原封不动地印刷出来，和自己公司的商品一起寄给他们。这些客户好像多是中小企业，以这些新闻简报为契机，他们与我们公司也开展过几项工作。

那么，话说回来，这两个例子的共同点是什么呢？

就是**提供“对方可以使用的工具”这一点**。曲奇是出版社的业务员可以使用的工具。我听说书店也很高兴。下载新闻简报的模板后，用户可以用作自己公司的促销工具。

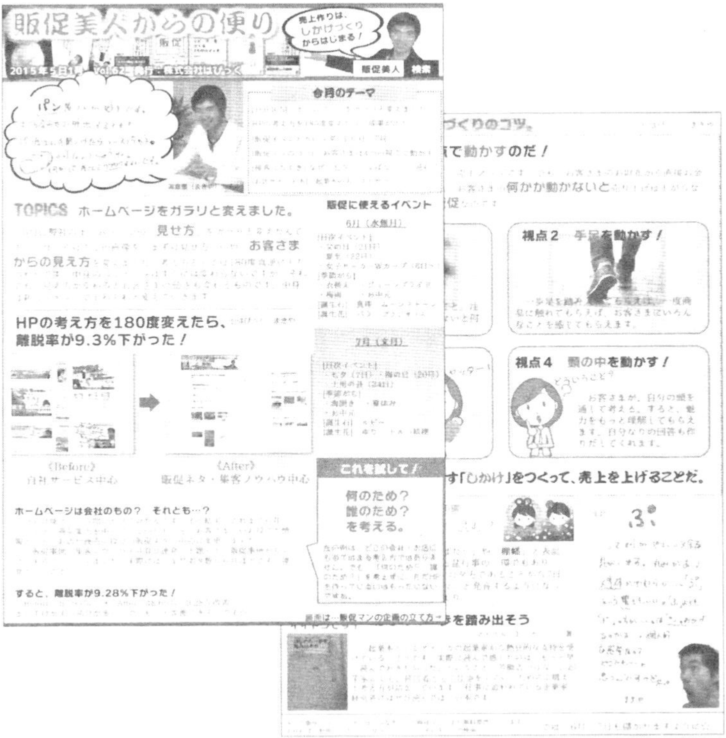
販促美人からの便り
売上作りは、しかけづくりからはじまる！
販促美人 検索
今月のテーマ
TOPICS ホームページをガラリと変えました。
HPの考え方を180度変えたら、離脱率が9.3%下がった！
販促に使えるイベント
《Before》
自社サービス中心
《After》
販促ネタ・集客ノウハウ中心
ホームページは会社のもの？ それとも…？
すると、離脱率が9.28%下がった！
これを試して！
何のため？ 誰のため？ を考える。
視点2 手足を動かす！
視点4 頭の中を動かす！

自己和自己公司可以宣传的范围是有限的。**借助别人的力量进行宣传的话，范围就要大得多**。您也可以请某些人把自己的信息、名字和商品告诉给那些自己不能直接传达的人。

这个技巧的要点之一是，**对方得到这个工具后是否会觉得有好处**。如果对方觉得有好处，就会尽情地使用。

开关33 您要提供能让对方高兴用的工具

题目 什么样的工具可以交给别人呢？
在什么情况下交给他呢？

8 让顾客也设定一个与自己“相同的目标”

我个人正在策划2015年4月的商会。

我在消费者问卷调查中收集了顾客的心声，总结了“店铺失客的理由”。

我虽然对内容很有自信，但我们公司要把它商品化，则需要勇气。想制作出来，就必须要倾注相应的时间和激情。制作出来虽然很好，但如果没有顾客需要，该怎么办呢？

因此，我采取了有些任性的做法，决定使用与众不同的方式来招募买主。

“如果预约的买主超过20人，我们就商品化！”

这是我的决定，并在我自己的Facebook和电子杂志上开始推销。这是4月16日的事。在头两天有8名买主预约。出乎意料的反响，他们回应说“这应该有需求”，同时出现了令人欣喜的事情，也就是之前从来没有和我有过接触的人也来预约了。

原来是看了我在Facebook上的帖子后预约了的一位朋友，转发了我的帖子，那些人是在看到转发的帖子后来预约的。转发我的帖子给予支持，以及从陌生人那里得到立即预约，都令我非常高兴。

过了一周左右，刚开始的势头就平静了下来，但我在自己的电子杂志中强行推送后，预约又一点点增加起来，后来那位朋友又转发了我的帖子给予支持。于是，预约人数达到 14 个人，离目标只剩下 6 个人了，这时发生了一个不可思议的现象。

距离目标很近了，所以我在电子杂志上铆足干劲儿再次发了通知。于是，当天又有 3 个人预约。第二天我在 Facebook 上通知只剩下 3 个人后，马上又有 3 个人预约，这样就达到了 20 人。这个场面很是热闹，有的人转发支持，有的人在下面评论说“已经预约了”。对此，我实在感激不尽。距离目标越近，引起的反响就越大。我再次体会到了这一点。

那么，在这一连串的流程中，帮我转发（扩散口碑）的人，为什么会帮我呢？他们大部分都是已经预购过的人，所以对商品的内容有共鸣，觉得有价值，认为我的商品有用。但是，应该不是觉得商品有价值这一个理由。

这里有**“相同的目标”**这样一个不可忽视的事实。

我是发售商品的，从我的角度来看，需要 20 个人预约。而从已经预约的人的立场来看，情况是“如果他预约不到 20 个人，我就得不到商品”。

因为有相同目标，所以他们对我表示支持。

总算达到了 20 人，我松了一口气。从一开始通知，时间可谓是旷日持久，用了大约一个月的时间。**我讨厌“已成定局的比赛”，所以也无法预测能否真的实现目标**（我讨厌明明就有实现的希望，但依然去参加自编自演的比赛。我甚至讨厌故意假装拖延时间）。我认为，**是他们花了一定的时间，看到我进展不顺利的场景，才给予支持的**。我再次向支持我的人表示感谢。

这是一种给顾客设定与自己“相同的目标”的机制。并且，是一种顾客通过对我的支持，自身也会得到好处，从而更加接近目标的机制。我预感到今后这种模式会继续增加。在搞什么新宣传活动的时候，请您把这种形式也考虑在内。

开关 34　您要以与顾客“相同的目标”为目标

题目　您想实现什么？这对顾客也有好处吗？

9 身边有帮您向 1000 人传达信息的人吗？

之前传达信息的力度都不太大，不过，即使打开口碑开关后进展顺利，其效果也是千差万别的。

其中既有一次口碑只传达给一个人的情况，也有在 SNS 上一下子传达给成千上百人的情况。而在向一个人传达口碑的时候，既有“哦”了一声当耳边风的情况，也有热情高涨地说着“太厉害了！我也想去看看”而到店里去的情况。

口碑是一种“一个人向另一个人传达信息”的行动，其效果有着很大的差别。

有一下子向 1000 人传播的口碑，也有只传达给一个人的口碑。

两者之间有什么不同呢？是“运气”的问题吗？

不，不是运气的问题。虽然多少与运气相关，但还有一个非常重要的事实。

就是说，每个人有“不同的影响力”。

以免误会，我要说**只传达给一个人的口碑并不是不好**。通过别人的信赖帮我传播口碑，我非常感谢。这也很能招揽到顾客。**但是，如果一下子传播给1000个人，作为商家来说，更令人感到高兴**。

虽然这是理所当然的事，但我还是要在这里单独成节说一下。譬如，如果艺人在博客上帮您写一写店铺的情况，就可以一下子让很多人知道。与之相比，即使一个默默写博客的人写了同样的内容，也有几乎不被阅读的情况。不管好坏，这都是事实。

实际上，我也亲身体验了这种差别。我制作过一个总结促销方法的文件，从我的主页上可以免费下载。我自己上传后，值得庆幸的是，大家一个接一个地在Facebook等社交传媒上对我说，对我写的内容产生了共鸣。

其中有一位非常有影响力的人。当他在Facebook上转发后，一下子扩散开来，两天内的访问量就超过了400人。

我之前也尝试过通过广告来积攒访问量的方法，但如果是广告，即使积攒了访问量，也很难实现让他们去网站上下载文件这个步骤。不过自从他转发后，大大提升了被下载的概率。估计经由他下载了我的技术数据的有30人以上，大部分人还同时关注了我的电子杂志账号（在用户下载时，我设置了是否接受电子杂志的选项）。

400 人中，经他推荐有 30 多人访问了我的主页，也就相当于 13 人中有 1 人下载。

我通过 Facebook 广告宣传的时候，在每 50 人的访问中只有 1 人下载，比例较低。同时我觉得那个页面上的数据精确度不高，所以就修改了一番。与此同时，他转发了我的信息，所以我不敢保证数据是否正确，尽管如此，也同样产生了相当大的影响力。

想想看，这是理所当然的。**在是广告的情况下，人们因为是去不认识的人的网站输入自己的邮箱地址，所以毕竟是不安的。但是，在经人介绍而访问的情况下，因为存在“人的信赖”，所以已经逾越了不安这一难关**。

所以，输入邮件地址这一行为也变得轻松起来，他们甚至还关注了我的电子杂志。这也是借由别人的信赖才得以实现的。I 总经理，感谢您的推荐（我不便在这里写您的姓名，就写了您姓名的首字母，请原谅）。

再说一个我自己的例子。我们公司的工作很多情况下都是通过介绍获得的，其中也有很多是同一个人多次介绍的情况。

在我充分推荐后，如果我的推荐能受到帮我介绍的人的喜欢，很多工作就会变得非常容易。

顺便说一下，我每月都会向这些商业伙伴发送新闻简报。我们公司的新闻简报里有很多介绍促销的素材，如果他们能将这些内容用作谈资，则是一件令我很高兴的事。我首先是以“这个信息能派上用场”为前提的，不过**在这之前也是为了得到他人信赖，说我“这个人正派”。**

带着“希望被介绍给这个人”的想法与人接触，虽然会让人感到厌恶，但能够与有影响力的人交往是一件非常难得的事。而且，提供给这些人也喜欢的“有用的信息”是很重要的。您要为对方提供有用的信息，提高他对您的信赖。如果他认为这个信息对其他人也有帮助，就会产生口碑了。

开关 35　**您要让有影响力的人为你宣传口碑**

题目　身边有影响力的人，平时会转发什么信息呢？

第 5 章

打开口碑开关的诀窍中的诀窍

1　招揽顾客的情况变了！从“很好哦”的时代到“真好啊”的时代

让新顾客前来消费的活动叫作“招揽顾客活动”。而招揽顾客的情况，到 2014 年、2015 年发生了很大的变化。

首先，商家原本靠宣传自己的魅力和优势说着“很好哦”去招揽顾客的方式，已经不适用了。

商家之前主要靠发布信息来招揽顾客。比如把信息放入折叠传单、在免费报纸上登载广告、频繁地更新博客、制作网络主页、在门户网站上付费刊登广告等。这些信息都是“以商家为中心制作的信息”。

商家尽情展现自己的魅力，摆出“我们很好哦”“这个商品很好哦”的姿势。这在以前还可以，能够招揽到顾客。因为在以前，顾客能寻找到的信息源都是这种有限的“商家发布的信息”。

但是，世界变了。

顾客获得的信息源发生了很大的变化。

去想一想自己身边的信息源，您就会马上明白了。以前主要信息源是报纸、电视、杂志等大众传媒。近10年来发生了很大的变化。电脑自然不用说了，就连手上的智能手机也能获得很多信息。

随着IT技术的进步，博客和SNS都普及开来了。因此，我们接收的信息源发生了巨变。这种趋势在这一两年来尤其突飞猛进。

智能手机中的信息很多，其中当然也包括大众传媒的信息。但是，**值得注意的是“个人发布的信息”。**人们有更多机会接收到我们个人发布的信息，比如写在博客上的信息、发表在推特上的信息、发表在Facebook上的信息、在LINE中交谈的信息等。

如果我们看中了某家店，就可以用智能手机搜索一下，这样就能找到体验过那家店的人发表的感想。我们也可以用智能手机搜索一下自己想要的商品，这样就可以找到实际使用的人的感想。您在亚马逊或乐天网站上购物时，在下单前，想必会去在意顾客的评价吧。

是的，**现在已经和以前完全不一样了**。

商家竭尽全力展现自己店铺魅力的信息，以及顾客亲自体验过的真实信息，哪个更值得信赖呢？肯定是实际体验过的顾客发布的真实信息。

“我正在吃〇〇店的〇〇蛋糕。之所以这么浓厚黏稠，据说是因为这家店使用了大量长时间炼制的芝士。真是久违的味道啊！”

如果您在 SNS 上看到这样的帖子，您会怎么想？

肯定有人会这样想吧，“真好啊，我也想吃”。看见或听到朋友的体验，就会羡慕地说“真好啊”，自己也就想去店里体验一番。

这样的模式今后应该会越来越多。当然，在看到个人发布的信息后，为了得到正确的信息，应该有很多人会去看官方主页吧。然后在获得大量信息的基础上进行最终判断。虽然需要官网的信息，但是**“想去”“想买”的第一步是“个人发布的信息”中的“真好啊”。**这种情况今后还会继续增加。

因此，商家应该采取相应的对策。

没有对策的商家今后在招揽顾客时会越来越困难，最早采取对策的商家，更有可能比竞争对手提前一步招揽到顾客。

今后是**“真好啊”的招揽顾客的时代**。换句话说，就是“口碑招揽顾客”的时代，就是能更多地应用到本书技巧的时代，就是从花钱在媒体上做广告的时代变成让顾客免费做宣传的时代。

口碑能让还没去过贵店的顾客引起“真好啊”的感情。顾客们面对面直接宣传口碑很重要，通过 SNS 等工具宣传口碑也很重要。直接宣传口碑有着强大的威力，而 SNS 等网络上的信息可以让大多数人知道，并作为数据保留下来。

今后是“真好啊”的时代。能否乘势而上，不，是否想乘势而上，这种意识非常重要。

本书涉及的技巧，相当大的一部分（至少在我执笔时）是关于口碑技术的。幸运的是，目前还没有人具体总结过口碑技术。我可以很自豪地说，到现在为止，这是第一本把能够具体应用的技术进行总结的书。

请您务必尽早着手，乘势而上。本书的技巧一定会对您的生意有所帮助。

2　没有“谈资”就不可能产生口碑

在考虑口碑的时候，虽然明知道“如果漏掉这一点，绝不会产生口碑”，但大部分书中都没有写到过这一点。我在第 1 章介绍了口碑的三个要素，它们非常重要，所以请允许我再次强调一下。

“口碑，到底是什么？”

不要忘记，**口碑是人与人之间的交流。更简单地说，它就是“对话”。**总之，这个事实很重要。忘记这一点，即使您有“希望自己的店产生口碑”的愿望，也不会顺利实现。

那么，对话需要什么呢？

直截了当地说，需要“内容”。

没有内容，对话就会无趣，也不会进行下去。本书把对话的内容称为**“谈资”**，意思是谈话的资料。

例如“您好”“嗯，您好”就是一组对话，但之后就没有进一步的对话了。这是因为对话中没有谈资，所以就不会让人越说越起劲。

我们在这里增加一些谈资试试看。

“您好。”

“您好。昨天的雨下得真大啊！”

增加了“昨天的雨下得真大”这样一个谈资后，对方就可以回话了，就可能加上自己的信息回话说“是下得真大。我儿子回到家的时候已经湿透了”等。

如果对话中有“谈资”，就会让人越说越起劲。口碑是一种对话，所以“谈资”非常重要。甚至可以说**“谈资”就是口碑**。

另外，“昨天去哪家店吃到的美味料理”“前几天体验过的令人感动的服务”“品相新奇的商品”“对于对方有用的话题”也都是谈资，都是让人越说越起劲的谈话资料。

想让顾客帮您传播口碑，您就要像这样“提供谈资”。如果脱离了这个视角，就不会产生口碑。

要为顾客提供谈资，要让他们在谈资中提到贵店或您的商品。这样魅力就会逐渐流传开来。这样的口碑才会提高销售额。

而实现这个目标的技巧就是口碑开关。

这是本书的核心部分，并且是进行口碑促销的核心。请您千万不要忘记。

3 首先要创造语言!

我刚才也写了，口碑是交流，口碑是对话。因此，作为对话材料的“谈资”是必不可少的。这是我最想表达的。

那么，今后在着手创造口碑的时候，应该如何去提炼自己的想法呢？**在向自己发问时，存在着“好的问题”和“不好的问题”。**

您可能会这样考虑问题：

“我该怎么做才能产生口碑呢？”

遗憾的是，这不是一个好问题。这样一来，您很难思考出好的想法。

因为这样思考问题的时候，商家就成为了中心。**这虽然可以说是关于促销的整体问题，但更重要的是，要“以顾客为中心”来思考问题**。要从顾客的角度来考虑他们的感受、他们的行动是怎么样的。

另外，这个问题太过模糊。这样思考问题的范围太大了，就很难得出答案。

以口碑促销来说，应该向自己提出这样的问题：

顾客会**“进行什么样的对话”“说什么样的话”“在什么情况下说话”，以及“他是出于什么目的说的”，那时候“他需要 Item 吗”**等。

要具体想象一下顾客宣传口碑的场景。

如果这个想象是不造作的，您创造的口碑技巧就有可能发挥出更好的作用。在想象顾客的过程中，如果您觉得“有点太勉强了”，宣传口碑就容易失败。

在创造口碑技巧的时候，虽然需要想象具体的场景，但如果去仔细思考每一个项目，则是很困难的。因此，为简单起见，您需要关注“语言”。**如果您能够很好地想象出顾客会说什么话，其他事情就好像已经决定好了一样**。

比如说，语言有如下模式。

在第 2 章第 10 节举例说明的“赠书”中，有“特地（为我）做了〇〇”这样一句话。这是一种语言模式。当然，顾客不会一字一句地重复这句话，但按照同样的主旨来说话的情况很多。重点是，您要先想象一下这句话。这句话如果不是自然的表达，就会成为一种自以为是的促销，肯定不会顺利。

您首先要创造出让人觉得“这样说比较自然”的语言。如果能做到这一点，就会大大提高产生口碑的可能性。本书中有好几句顾客实际说过的话。另外，去发现身边的人在说些什么，也会给予您很大的启示。越是洞察周边的语言，您创造口碑的精确度就越高。

4 通过 GariGari-Kun 领会到两种口碑！

您记得几年前从发售开始的 3 天内就大受欢迎的冰棒吗？它是一种主要通过 SNS 迅速传播开来的商品。虽然是冰棒，但它有一种难以想象的味道，所以成为了一个很大的话题。我想很多人都还记得吧。

是的，它就是玉米浓汤味“GariGari-Kun”冰棒。

它从 2012 年 9 月 3 日开始发售，由于卖得太多，3 天后的 9 月 6 日就停止了销售。很多人都在 SNS 上发帖讨论 GariGari-Kun 的话题。我在看这些帖子时发现了一件事！

那就是，口碑大致可以分为两大类。

我还知道，这种分类不仅在 GariGari-Kun 上，可以说在其他口碑上也有这种分类。关于 GariGari-Kun 的玉米浓汤味，帖子上有什么样的口碑呢？我们来回顾一下。

“我发现了这种东西！冰棒竟然是玉米浓汤味的！”

“我买了！出乎意料地好吃哦！”

这些是我在冰棒发售后还没有停止销售之前找到的帖子。

而在停止销售之后，内容发生了变化，可以看到这样的帖子：

“玉米浓汤味 GariGari-Kun 已经售罄了，买不到了。”

“据说 3 天就停售了，真厉害啊。”

我举出 4 种类型与口碑相关的帖子，从某个切入口来看，可以分为两类。这在设计口碑开关方面是个非常重要的切入口。

虽然可以分为“停售前”和“停售后”，但这样一来，您就很难应用在自己店铺里了。因为用停售作为话题的是大型企业，而在中小型店铺或个体店很难实现。它们不是所有人都知道的话题，也就不可能成为共同话题。我们为了今后使用这些口碑技巧，应该把它们分成以下两类。

［A 类］

“我买了！出乎意料地好吃哦！”

“玉米浓汤味 GariGari-Kun 已经售罄了，买不到了。”

［B 类］

“我发现了这种东西！冰棒竟然是玉米浓汤味的！”

“据说 3 天就停售了，真厉害啊。”

您知道这种分法采用的是什么切入口吗？知道的人可能在口碑上已经很擅长了。

我提示一下，请您考虑一下谈资以“谁”为中心这个切入口。

A类是以“自己”为中心的谈资。“（我）买了”“（我吃了）很好吃”“（我）买不到了”，这一切都是在说自己，属于“自情”。

与此相对，B类是怎么样的呢？话题的中心不是自己，而是GariGari-Kun。“（GariGari-Kun）冰棒竟然是玉米浓汤味的”“（GariGari-Kun）3天就停售了”，都是以GariGari-Kun为中心的谈资。它不是“自情”，而是“他情”。

两类分别是“自情”的口碑和“他情”的口碑。

两者有着很大的区别。这里也存在希望您去好好理解的地方。正如第1章所述，人们的谈话中77%是“自情”，23%是“他情”。因此，口碑是以“自情”的立场推进的，只不过“他情”也是有优势的。

回“他情”的口碑更容易传播

“他情”的口碑有可能传播得更广。“冰棒竟然是玉米浓汤味的”这个谈资**能单独传播开来**。与之相对，“自情”的口碑却传播不出去。以自己的行动和想法为中心的谈资不会让听的人原原本本地说出来。虽然听的人在受到口碑影响后去实际体验后会说出口，但不迅速传播开来。“自情”的话题往往会终止于说的人自己，不会广泛传播出去。

那么，您会认为“他情”的口碑更好吗？

贸然做出这个判断就有点不对了。因为这两者间还有一个更大的区别。

回“自情”的口碑更容易成为口碑

人们说的大部分内容都是关于“自己的事情”，不怎么说别人的事情。所以，就像本书之前写到的那样，“自情”的谈资形成口碑的可能性要高得多。“他情”的谈资，只要没有很大的冲击力，或者没有给对方带来好处，就不太会成为口碑。

“自情”和“他情”，没有孰好孰坏。

说到底，我还是希望您认识到它们属于“不同的东西”。在设计口碑开关的时候，您如果不事先搞清楚到底是“自情”的谈资还是“他情”的谈资才能成为口碑这个问题，事情就无法顺利进行下去。

5 “ふ”和“へ”之间有很大的差别?!

按五十音顺序排列的话，“ふ”和“へ”只是一个顺序的差别[①]。但是，如果说到口碑，“ふ”和“へ”的区别就非常大了。

我一发现好玩的东西或事情，就会马上告诉妻子，结果经常会变成这样：

“你听我说啊！今天发生了一件有趣的事！……”如此这般。

“哦。”(随声附和)

“什么？没有趣吗？”

“嗯。”

大家不是经常有这种情况吗？应该有吧！(应该不只是我吧!!)

好像我说得太无聊了，妻子也觉得无趣，所以很淡然，但

① ふ（hu）和へ（he）是日语五十音图中的假名，从顺序上来看，ふ在前へ在后。作者在这里主要表达说话的语气，ふ表示“随声附和”，可以翻译成“哦”；へ表示“惊讶好奇”，可以翻译成“啊”。——译者注

又有点照顾我的意思，气氛让人尴尬。

但是，当真正出现有趣素材的时候，妻子就会乘势说一声“啊”（惊讶好奇）。

之后就越聊越起劲，我也觉得很开心。

人是希望得到别人认可的动物。如果自己的话被对方扫兴地回应一声“哦”，接下来就无法继续下去了，心里就会难受。但如果对方能用“啊”的口吻来回应，对话就会变得越来越起劲。

人在说什么事情的时候，**都希望对方不要说“哦”，而是说“啊”“是”或者“噢”。如果人在说话之前就有这种印象，他就会说得很开心，相反，如果能预测到说了却得到“哦”的回应，他就不说了**。在考虑口碑的时候，这一点非常重要。

在顾客传播口碑的时候，会不会得到“啊”的回应呢？会不会产生这种印象呢？在设计口碑开关之前，请您务必好好检查一下。

第 6 章

对通过口碑招揽顾客来说超级重要的8个记忆

1 只要留在顾客的记忆里就可以了吗?

请允许我在这里稍微岔开一下话题，说一下“记忆”。要想让顾客成为“回头客”，就必须让他们留下记忆。顾客如果忘记了，就不会再次光临了。

直觉敏锐的人也许会注意到，**记忆，不仅能招揽回头客，还可以产生口碑**。您想一想就会发现，这是理所当然的。不可能把不记得的店通过口碑说出来。

另外，假设有一位顾客不太记得贵店，却记得在您店里体验的情景，或者记得在您店里得到的礼物，他帮您宣传口碑。即使有人问他：“是哪里的店呢?”“是什么样的店呢?”由于没有印象，他什么也回答不上来。这样的话，您是绝对无法招揽到顾客的，也就不会产生口碑了。

并且，接下来更为重要。

虽说是“记忆”，但并不是任何记忆都是可以的。我们公司通过在网络上实施和分析消费者问卷调查后发现，值得留下的记忆有 8 个重要的要素。要想让顾客成为回头客，需要 8 个重要的记忆要素。

是否知晓这 8 个记忆要素，对贵店招揽顾客会有很大的差别，这个差别决定了贵店实施的是徒劳的努力，还是能够切实招揽到顾客的努力。请您一定在脑海中意识到这一点。

2 提高顾客量和销售额需要 8 个记忆要素！

首先，我来介绍一下我们实施的问卷调查的大致情况。这份消费者问卷调查的对象是两个行业的顾客，其一是餐饮店的顾客。这份问卷调查询问了“想再去一次的店是哪个”和“记住了什么”等问题。我们选择分析了 200 个有效回答。

其二是进行身体放松、矫正体型、美容护理等治疗的施术店[①]的顾客。这里选择分析了“哪些顾客会再次光临”“记住了什么”等问题。可用于分析的回答有 298 个。

两个问卷调查都没有人直接回答“留下这个记忆后就会再次光临”，但可以从中得知，这些店在回头客和想再次光临的顾客脑海中是留有记忆的（因为顾客一开始是根据自己的心情决定到店里来的，所以无法获取“留下○○的记忆，再次光临”的数据。只能通过别的切入口来把握数据做出判断）。

① 施术店：医师通过自己的医术让顾客得以身心放松、矫正体型或美容护理的店铺。它不是医院，类似于中国的美容院。——译者注

消费者问卷调查结果

记忆的内容	餐饮店	施术店
1　待客的好印象	○	○
2　店内的气氛	○	○
3　五官的体验（特别是香气）	○	○
4　具体的食材或料理	○	
5　令人信服的理由	○	
6　只有这里、只有我	○	
7　专家的建议		○
8　效果、技术		○

在这两个问卷调查中发现，行业不同，结果也有一些不同，但也有很多共同点。

具体情况如上表所示。在餐饮店的顾客中，有 6 个明显的记忆，在施术店的顾客中有 5 个明显的记忆，其中 3 个是共同的，总共有 8 个重要的记忆浮现在顾客的脑海中。

那么，让我们来具体看一下每一个记忆的内容。

3　服务员的人品会让顾客产生“喜欢”“感动”

第一是关于服务员的“待客的好印象”。在消费者问卷调查中，收到了如下评语：

◎酒吧的老板能灵活地处理各种情况

◎待客很让人舒服

◎员工的行动自然，令人放心

◎对顾客非常关心。会送一点小礼物

◎一直都是同一个人为我服务，让人舒心，不用说任何话也能得到很好的放松

这里可以看出，以上**都是些与“员工或待客”相关的记忆**。不仅是令人舒服的回应，还有在接受有特别感的服务，或者让对方记住自己后产生的“感动”，以及会留下的很多记忆。相反，请您注意，顾客也会留下店铺待客不好的记忆。

4　气氛的关键是“具体化”和“与众不同”

第二是“店内的气氛”。

关于这一点的评语在餐饮店的问卷调查中第二多，在施术店的问卷调查中最多。例如有如下评语：

◎巴黎风情和丰富的食材

◎旧式民房风格，可以吃到美味松软的雪纺蛋糕

◎亚洲风格的室内装潢

◎灯光昏暗，睡得很香

◎摆放着 6 张以上白色的床

巴黎风格、旧式民房风格、亚洲风格等**能表现出“像○○一样”的气氛，似乎容易给顾客留下具体的记忆**。

另外，在施术店的问卷调查中有“昏暗”“明亮”等评语。白色的床只是外观，“摆放着白色的床这一影像”则有了冲击性，会留在顾客的记忆中。如果是棕色的床，恐怕不会形成同样的记忆。在其他店看不到的情况也是给顾客留下记忆的关键。

5 比起讲拙劣的道理，五官的体验会更好。应该特别关注“香气”

第三是“五官的体验”。我还是从问卷调查的评语开始介绍。首先要关注的是如下评语：

◎是一个能吃到很多刚烤好的面包的地方

◎芳香油的气味真好

◎气味很香

这些都是以**“香气”**为关键词的。从“刚烤好的面包”这一评语可以看出，顾客感受到了“香气”。芳香油的香气也是如此。

“香气”是脑科学营销书中经常关注的主题。一般认为，**“香气=与感情直接相连”“感情被保管在作为记忆器官的海马体旁边”**。去除难理解的部分，它是指**“香气容易留在记忆中”**。

而且，具体的香气更容易留在记忆中。在上述例子中，它是指“刚烤好的面包香气”。比起“总觉得气味好闻”来，“○○的香味”这样一个具体的表达更容易留在记忆中。

让我们看一看其他关于五官体验的评语：

◎餐后甜点蛋糕是用小推车送来的，可以尽情享用

◎像千层酥一样口感的炸猪排是绝品

◎能听到钢琴的现场演奏，感觉很是华丽

◎喜欢八音盒营造的有味道的气氛

◎背景音乐（BGM）非常安静

您能从这些评语中读到什么？从“蛋糕是用小推车送来的”“像千层酥一样”这些语言中可以看出，它们**已经在顾客的脑海中留下了影像**，脑海中会浮现出“很多蛋糕被小推车送到餐桌旁，由自己挑选”“肉像千层酥一样多层”的影像。

简单说，虽然“漂亮”“美味”的外观也很重要，但**如果不具体，就很难留在顾客的记忆中。有了“小推车”或者“像○○一样”的比较对象，它的外观才会更加深刻地留在记忆中**。另外，如果是在其他店也能看见的外观，则不容易留在记忆中。**“只能在这里看到”“外观能用具体的语言表达出来”**，才会让

顾客的记忆更加深刻。

其次，“钢琴的现场演奏”“八音盒”“背景音乐”也值得关注。这是关于声音的，是对耳朵的刺激。但是，只有在其他店不能体验到的**“只在这里才有的感觉”，才容易留在顾客的记忆中**。而且，那些声音也是具体且易懂的声音。作为背景音乐，播放怀旧旋律或爵士乐也不错，但是“钢琴的现场演奏”是成为话题的要素。“八音盒”也是人人皆知的东西，是创造气氛的工具。

与这些声音有关的要素也会留在记忆中。但请您注意，不必用力到破坏店里气氛的程度。在施术店，都是一个人来治疗的，顾客之间不会相互交谈，因此我认为，他们会把意识转向安静的背景音乐上，并留在记忆中。

6 把顾客记得的具体料理记在本子上！

第四是在餐饮店的问卷调查中发现的“具体的食材或料理”。

回答中最常见的是“〇〇好吃”，以及记得某些具体的料理。我在这里也引用几个调查问卷的评语：

◎像千层酥一样口感的炸猪排是绝品

◎意大利面和开胃菜都很好吃，随季节更换水果的雪糕量大味美

◎附近吃不到新鲜的意大利面，所以还想去吃

像这样，有很多人**会想到一些具体的料理**。不是对整个店的料理评价说“好吃”，而是说“〇〇好吃”的人比较多，这一点值得注意。

但是，顾客并不是什么都记得。应该理解为，**只有冲击力强的料理，才能留在记忆中**。应该结合前述的“五官的体验”和下一节“令人信服的理由”，让顾客对商品或食材留下更具体的记忆。

7 让顾客喜欢并到店里来，要有“令人信服的理由”

第五是“令人信服的理由”。这是“为什么好吃呢?”这个问题的答案，也是“为什么想去这家店呢?”这个问题的答案。问卷调查的评语包括以下内容：

◎能吃到新鲜的海产品

◎能吃到非常新鲜的蔬菜（虽然不爱吃蔬菜）

◎刚烤好的面包很好吃

◎刚炸好的肉串是一个一个送来的

这些都是关于餐饮店的“新鲜度”的记忆。而且可以分为两类。

第一类是**“食材的新鲜度”。**可以用“新鲜的海产品”“蔬菜很新鲜”等语言来表达。贵店是怎样传达新鲜的呢？单纯地说“很新鲜”，顾客很难相信。应该证明它很新鲜。

比如，“早晨收割的蔬菜，每天都是从○○农场直接送来”“从渔港直接运来”等。**在告诉顾客新鲜度的时候，也要一起把**

证明它新鲜的信息告诉顾客。这样会更加令人信服，并且会留在顾客的记忆中。

第二类是**“食物的新鲜度”**。指的是“刚做好、刚完成”的意思。餐饮店大多是按照订单来烹饪的，所以“刚做好、刚完成”也是理所当然的事情。

因此，这里“刚做好、刚完成”的意义在于那些顾客通常吃不到的刚做好的料理上，或者顾客觉得真正刚做好的会更有价值的料理上。比如，“刚烤好的面包”。面包很难根据顾客的吃饭时间一次一次地烤制，所以顾客吃到刚烤好的面包会觉得更有价值。另外，真正“刚炸好的肉串”才更好吃，它的价值在于一分一秒的差异上。从评语中“一个一个送来”这一点上就说明了刚炸好的感觉。

另外，即使是同样的料理，如果在顾客能看到的厨房里烹饪，或者在顾客眼前完成最后一道工序，也会增加“刚做好、刚完成的感觉”。

新鲜度是顾客信服并且感受到价值的要素，是留下记忆的要素。请您结合具体要证明的要素告诉顾客。

另外，还有如下评语：

◎老板制作的正宗赞岐乌冬面和天妇罗很好吃

◎明明没有添加剂，只是按量掺杂了香料，这个咖喱饭又便宜又好吃

◎自制的面包和发泡奶油

这些都是让顾客信服的理由，都是与“专业人士手工自制”相关的评论。这个世界上有很多好吃的成品，所以自制的美味似乎更能让人感觉到价值（并不是成品不好）。但是，要让顾客认为自制品有价值，有以下几点：

第一是**“其他店是成品，而这家店是自制品”**。有很多店的乌冬面、咖喱饭、面包都不能自制。所以那家店自制才能让顾客感到有价值。如果有一种料理在任何一家店都是自制的，顾客就很难觉得自制品有价值。比如我们就看不到“自制味噌汤”或“自制沙拉”之类的表达。

第二是**“自制过程要让顾客清晰地看到，而不是隐藏起来”**。匠人的想法是“自制是理所当然的，即使不让顾客看到也能吃出来”。这虽然是一种想法，但如果想让顾客留在记忆中，还是让他们看看为好。

比如在菜单上标明是“自制”的，或者标明“掺杂了○种香料”来证明是自制的，或者把制作的过程拍成照片放进菜单里等。另外，如果能够在顾客面前烹饪，就足以证明是自制的了。在乌冬面店和荞麦面店的店门前，让顾客看到做面的过程，也是一个简单易懂的例子。

8 “只有这里”“只有我”这样一个特别感具有强大的威力

第六个记忆是“只有这里”“只有我”，虽然在问卷调查中数量不多，但它与让顾客到店里来直接相关，所以我在这里说一下。请看调查问卷的原始评语。

◎味道好。是只有这里才能吃到的味道
◎附近吃不到新鲜的意大利面，所以还想去吃
◎很好吃，却不太被人知道。不用排队
◎很少有顾客，所以可以一个人和老板好好轻松一下
◎新鲜蔬菜很好吃。带上公司的人去吃，大受好评
◎每一道菜都非常好吃，不太想告诉别人

这些都可以总结为“只有这里”“只有我”这两个关键词。

这道菜只有这里才有，只能在这里吃到，只能在这里体验。顾客一旦留下这样的记忆，就会有一种**身份感**，会说“我吃的是只有这里才能吃到的东西”“这是一家与众不同的店”。顾客留下这样的记忆，**就会想向别人炫耀，也想再到店里来体验那**

种身份感。

“只有我”这个关键词，更为重要。

经常有把“私房菜”作为卖点的店，如果真的是只有自己才知道的店，顾客就会觉得在那家店的自己很有身份。因为**自己知道了一家别人不知道的名店**。

另外，虽然只有自己才知道的店很重要，但在那家店里**“只有自己”被优待**，也会激发出顾客的优越感。如果进入店的瞬间听到“〇〇先生/女士，欢迎光临”等带有名字的话，顾客会有一种特别的感觉。

“只有这里”“只有我”，这两者的意思虽然不一样，但两者都是可以激发顾客优越感的要素。

9 信息要有专家的角度。要亲自向顾客给予建议

第七是“专家的建议”。这是关于施术店的内容。问卷调查中收到了这样的评语：

◎得到了自己身体哪里僵硬的建议

◎告诉我一些附带信息，比如这里疼可能是内脏的哪里不好等

◎先看了看我的全身，检查身体的变形，对我身体的不适等情况进行指导

施术店是让有专业技能的员工来治愈顾客身体的店，所以专家的建议很重要。这里要传达的不是实施治疗的人的自夸，而是关于“顾客的”信息。

它是对顾客在日常生活中应该注意什么等方面给予建议。**它是顾客的“自情”，所以容易被顾客接受，也容易留在记忆中**。说话的人**是专家，其内容才有说服力**。而实施治疗的人的自夸，对于顾客来说是“他情”。尤其是施术店，它是顾客为了

自己的身体而去的店，所以比起实施治疗的人的自夸来，顾客更对自己的情况感兴趣（顺便说一下，餐饮店是顾客体验的店，所以对厨师和食材也容易产生兴趣）。

10　要想拥有狂热的粉丝，就应该让他们切实体会到结果

第八是与“效果、技术”相关的记忆。这也是施术店的回答。

◎负责人给我按摩的力度刚刚好

◎按摩结束后，我感觉血液循环变好了

◎他准确地知道我的痛点

施术店是治愈顾客的行业，治愈效果好就会留在顾客的记忆中。另外，如果您能直截了当地说中“这个身体状态，您平时在做这样的事吧”等顾客的生活习惯，顾客就会**提高对您高超的专业性和技术的信赖**，并留在记忆中。这需要高超的专业性才可以做到，谈资却是顾客的“自情”。不要把“总感觉很好”，而应该把具体的状态和具体的身体部位等信息留在顾客的记忆中。

11 贵店是哪一种类型？

我想，也有既不经营餐饮店又不开施术店的人在阅读这本书。这种情况下，请您根据以下标准来判断作为参考的记忆要素。

◎如果您是一家顾客“享受体验”的店，您就属于餐饮店类型

◎如果您是一家顾客为了“让自己好起来”而去的店，您就属于施术店类型

请您掌握贵店的类型，并把这 8 个记忆要素时常放在自己的脑海中，与顾客进行接触。

这样虽然不会让您的销售额从明天就开始翻倍，但应该**会慢慢起作用**。它们**是不绕弯路，能切实有效地给顾客留下记忆的要素**。

之所以把这些记忆要素的内容特意写在这本讲述口碑的书里，是因为它们非常重要。您今后将会继续打开口碑开关，请您在那个时候检查一下有没有给顾客留下这些记忆的谈资。我保证，它们会一步步提高您招揽顾客的能力。

结　语

——要120%利用的开关

感谢您阅读到最后。

您感觉怎么样?

印象最深刻的口碑开关是哪个?

想马上尝试的口碑开关是哪个?

我在“前言”中提到，请您先找到一个想尝试的开关，您找到了吗?

最后，请允许我传达两件重要的事情，来进一步让您深入而实践性地使用本书的内容。

①　请您把注意力转移到“题目”上

各个开关中分别设置了“题目”。我这样做是有理由的。它不是希望您模仿事例，而是希望您打开“具有自己风格”的开关。

我列举的事例，说到底也只是个事例。是那家店或公司根据自己的情况想到的技巧（也有不少让我一起策划的技巧）。即使您照原样模仿，也不会取得预期的成果。因为它不是为贵店思考的构思。不仅是本书，在阅读其他商务书时也是一样。

所以，我各自设置了“题目”。请您先阅读事例，理解开关，然后再去研究题目。这样就会形成您思考自己的店应该怎么做的题目，所以您**想到的口碑一定是“具有自己风格”的构思了**。

另外，本书不是一次读完就万事大吉了，请您在构思口碑的时候多看几次。书上的事例是最近的，但开关本身是以“人的心理活动”为基础的，所以几年后也不会过时，应该还会有效果。如果您能长久使用本书，则是我的荣幸。

② 促销中没有“销售力”

我的工作切入口是“促销”。正因为如此，我痛切地感到：“促销不是万能的。促销的范围很有限。”

促销本身并不卖东西，也不增加销售额。

促销能做的是**“促使顾客产生微小的行动”**。比如，促使顾客移动视线来关注，促使顾客稍微动一下手去接触商品，活跃顾客的气氛，让顾客的印象更加深刻等。

如果您没有大的方针和战略，没有想要实现的目标和想法，促销是没有一点作用的。在顾客动心的过程中，如果您传达了商品的魅力或者服务的魅力，销售额就会上升。所以，如果您只是胡乱地运用促销技巧，或者自我本位地以“想提高销售额”的想法来努力，促销是不会顺利的。在不让顾客高兴快乐的店里，促销是不起作用的。

反过来说，如果您的战略周全，对顾客的感情坚定，促销的力量就会大大增加。促销是“促进销售”的意思，所以它擅长的是把本就卖得很好的东西“促使它卖得更好”。

本书中介绍的口碑开关也是一样的。顾客不会傻到光靠外在的开关就能让您提高销售额的程度。请您在打造口碑时，务必让顾客开心。

最后，请让我说声谢谢。

实际上，最初策划本书是在大约两年前。我本来打算慢慢写，但没想到比当初预定的时间还要长得多。在这期间，我自己的人生中发生过大事，而且在这么长的时间内，我得以见到更多的商家和经营者。我认为，本书的内容也因此变得广泛、深刻且生动了。

本书登载了很多店铺和公司的鲜活事例。我向爽快同意我登载的诸位表示感谢！另外，向耐心等待原稿，并为我制作出精美书籍的编辑津川先生表示感谢！

本书得以完成，多亏了很多人的帮助。正因为如此，我也希望这本书能对更多人有所帮助。请您一定要好好使用。

最后，我也向一直陪在我身边的家人表示感谢。

能和家人在一起生活的时间看似很长，其实很短。请您珍惜与家人的时间，去吃很多好吃的东西，去很多开心的地方玩吧。

一直以来，谢谢你们。

2015 年 8 月

真喜屋实行

“服务的细节”系列

《卖得好的陈列》：日本“卖场设计第一人”永岛幸夫

定价：26.00 元

《完全餐饮店》：一本旨在长期适用的餐饮店经营实务书

定价：32.00 元

《让顾客爱上店铺 1——东急手创馆》：零售业的非一般热销秘诀

定价：29.00 元

《新川服务圣经——餐饮店员工必学的 52 条待客之道》：日本“服务之神”新川义弘亲授服务论

定价：23.00 元

《为何顾客会在店里生气》：家电卖场销售人员必读

定价：26.00 元

《完全商品陈列 115 例》：畅销的陈列就是将消费心理可视化

定价：30.00 元

《如何让顾客的不满产生利润》：重印 25 次之多的服务学经典著作

定价：29.00 元

《让顾客爱上店铺 2——三宅一生》：日本最著名奢侈品品牌、时尚设计与商业活动完美平衡的典范

定价：28.00 元

《摸过顾客的脚才能卖对鞋》：你所不知道的服务技巧，鞋子卖场销售的第一本书

定价：22.00 元

《菜鸟餐饮店 30 天繁荣记》：帮助无数经营不善的店铺起死回生的日本餐饮第一顾问

定价：28.00 元

《会切西红柿，就能做餐饮》：没有比餐饮更好做的卖卖！ 饭店经营的“用户体验学”。

定价：28.00 元

《繁荣店的问卷调查术》：成就服务业旺铺的问卷调查术

定价：26.00 元

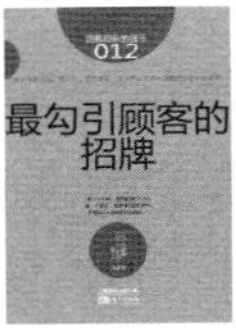

《最勾引顾客的招牌》：成功的招牌是最好的营销，好招牌分分钟替你召顾客！

定价：36.00 元

《制造型零售业——7-ELEVEn 的服务升级》：看日本人如何将美国人经营破产的便利店打造为全球连锁便利店 NO. 1！

定价：38.00 元

《店铺防盗》：7大步骤消灭外盗，11种方法杜绝内盗，最强大店铺防盗书！

定价：28.00元

《中小企业自媒体集客术》：教你玩转拉动型销售的7大自媒体集客工具，让顾客主动找上门！

定价：36.00元

《敢挑选顾客的店铺才能赚钱》：日本店铺招牌设计第一人亲授打造各行业旺铺的真实成功案例

定价：32.00元

《餐饮店投诉应对术》：日本23家顶级餐饮集团投诉应对标准手册，迄今为止最全面最权威最专业的餐饮业投诉应对书。

定价：28.00元

《大数据时代的社区小店》：大数据的小店实践先驱者、海尔电器的日本教练传授小店经营的数据之道

定价：28.00元

《线下体验店》：日本“体验式销售法”第一人教你如何赋予O2O最完美的着地！

定价：32.00元

《医患纠纷解决术》：日本医疗服务第一指导书，医院管理层、医疗一线人员必读书！ 医护专业入职必备！
定价：38.00 元

《迪士尼店长心法》：让迪士尼主题乐园里的餐饮店、零售店、酒店的服务成为公认第一的，不是硬件设施，而是店长的思维方式。
定价：28.00 元

《女装经营圣经》：上市一周就登上日本亚马逊畅销榜的女装成功经营学，中文版本终于面世！
定价：36.00 元

《医师接诊艺术》：2 秒速读患者表情，快速建立新赖关系！ 日本国宝级医生日野原重明先生重磅推荐！
定价：36.00 元

《超人气餐饮店促销大全》：图解型最完全实战型促销书，200 个历经检验的餐饮店促销成功案例，全方位深挖能让顾客进店的每一个突破点！
定价：46.80 元

《服务的初心》：服务的对象十人百样，服务的方式千变万化，唯有，初心不改！
定价：39.80 元

《最强导购成交术》：解决导购员最头疼的55个问题，快速提升成交率！
定价：36.00元

《帝国酒店——恰到好处的服务》：日本第一国宾馆的5秒钟魅力神话，据说每一位客人都想再来一次！
定价：33.00元

《餐饮店长如何带队伍》：解决餐饮店长头疼的问题——员工力！ 让团队帮你去赚钱！
定价：36.00元

《漫画餐饮店经营》：老板、店长、厨师必须直面的25个营业额下降、顾客流失的场景
定价：36.00元

《店铺服务体验师报告》：揭发你习以为常的待客漏洞　深挖你见怪不怪的服务死角　50个客户极致体验法则
定价：38.00元

《餐饮店超低风险运营策略》：致餐饮业有志创业者＆计划扩大规模的经营者＆与低迷经营苦战的管理者的最强支援书
定价：42.00元

《生鲜超市工作手册蔬果篇》：海量图解日本生鲜超市先进管理技能

定价：38.00 元

《生鲜超市工作手册肉禽篇》：海量图解日本生鲜超市先进管理技能

定价：38.00 元

《生鲜超市工作手册水产篇》：海量图解日本生鲜超市先进管理技能

定价：38.00 元

《生鲜超市工作手册日配篇》：海量图解日本生鲜超市先进管理技能

定价：38.00 元

《生鲜超市工作手册副食调料篇》：海量图解日本生鲜超市先进管理技能

定价：48.00 元

《生鲜超市工作手册 POP 篇》：海量图解日本生鲜超市先进管理技能

定价：38.00 元

《日本新干线 7 分钟清扫奇迹》：我们的商品不是清扫，而是“旅途的回忆”

定价：39.80 元

《像顾客一样思考》：不懂你，又怎样搞定你？

定价：38.00 元

《好服务是设计出来的》：设计，是对服务的思考

定价：38.00 元

《让头回客成为回头客》：回头客才是企业持续盈利的基石

定价：38.00 元

《餐饮连锁这样做》：日本餐饮连锁店经营指导第一人

定价：39.00 元

《养老院长的 12 堂管理辅导课》：90%的养老院长管理烦恼在这里都能找到答案

定价：39.80 元

《大数据时代的医疗革命》：不放过每一个数据，不轻视每一个偶然

定价：38.00 元

《如何战胜竞争店》：在众多同类型店铺中脱颖而出

定价：38.00 元

《这样打造一流卖场》：能让顾客快乐购物的才是一流卖场

定价：38.00 元

《店长促销烦恼急救箱》：经营者、店长、店员都必读的“经营学问书”

定价：38.00 元

《超市投诉现场应对指南》：来自日本的超市精细化管理实操读本

定价：60.00元

《超市现场陈列与展示指南》

定价：60.00元

《向日本超市店长学习合法经营之道》

定价：78.00元

《让食品网店销售额增加10倍的技巧》

定价：68.00元

《让顾客不请自来！卖场打造84法则》

定价：68.00元

《有趣就畅销！商品陈列99法则》

定价：68.00元

《成为区域旺店第一步——竞争店调查》

定价：68.00元

《餐饮店如何打造获利菜单》

定价：68.00元

《日本家具 & 家居零售巨头 NITORI 的成功五原则》
定价： 58.00 元

《咖啡店卖的并不是咖啡》
定价： 68.00 元

《革新餐饮业态： 胡椒厨房创始人的突破之道》
定价： 58.00 元

《餐饮店简单改换门面， 就能增加新顾客》
定价： 68.00 元

《让 POP 会讲故事， 商品就能卖得好》
定价： 68.00 元

《经营自有品牌： 来自欧美市场的实践与调查》
定价： 78.00 元

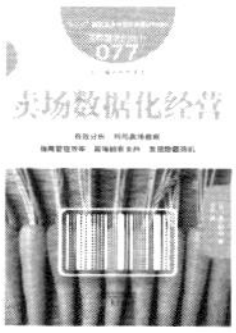

《卖场数据化经营》
定价： 58.00 元

《超市店长工作术》
定价： 58.00 元

《习惯购买的力量》

定价： 68.00 元

《7-ELEVEn 的订货力》

定价： 58.00 元

《与零售巨头亚马逊共生》

定价： 58.00 元

《下一代零售连锁的 7 个经营思路》

定价： 68.00 元

《唤起感动： 丽思卡尔顿酒店“不可思议” 的服务》

定价： 58.00 元

《7-ELEVEn 物流秘籍》

定价： 68.00 元

《价格坚挺， 精品超市的经营秘诀》

定价： 58.00 元

《超市转型： 做顾客的饮食生活规划师》

定价： 68.00 元

《连锁店商品开发》
定价： 68.00 元

《顾客爱吃才畅销》
定价： 58.00 元

《便利店差异化经营——罗森》
定价： 68.00 元

更多本系列精品图书，敬请期待！

图字：01-2019-5385 号

图书在版编目（CIP）数据

餐饮营销. 2，让顾客口口相传的 35 个开关 /（日）真喜屋实行 著；张永亮 译. —北京：东方出版社，2019. 11
（服务的细节；091）
ISBN 978-7-5207-1260-6

Ⅰ. ①餐… Ⅱ. ①真… ②张… Ⅲ. ①饮食业—市场营销学 Ⅳ. ①F719. 3

中国版本图书馆 CIP 数据核字（2019）第 243252 号

服务的细节 091：餐饮营销 2：让顾客口口相传的 35 个开关
（FUWU DE XIJIE 091：CANYIN YINGXIAO 2：RANG GUKE KOUKOUXIANGCHUAN DE 35 GE KAIGUAN）

作　　者：[日] 真喜屋实行
译　　者：张永亮
责任编辑：崔雁行　高琛倩
出　　版：东方出版社
发　　行：人民东方出版传媒有限公司
地　　址：北京市朝阳区西坝河北里 51 号
邮　　编：100028
印　　刷：北京文昌阁彩色印刷有限责任公司
版　　次：2019 年 12 月第 1 版
印　　次：2019 年 12 月第 1 次印刷
开　　本：880 毫米×1230 毫米　1/32
印　　张：7
字　　数：127 千字
书　　号：ISBN 978-7-5207-1260-6
定　　价：68. 00 元
发行电话：（010）85924663　85924644　85924641
